老後に楽しみをとっておくバカ

和田秀樹

青春新書
INTELLIGENCE

はじめに

本書は、50代の人のために、豊かな老後を送るにはどうしたらよいかの提言をおこなう目的で書いたものです。

普段、ずっとお年寄りの人を診療し、長年、高齢者ウォッチャーを続け、10年以上、アンチエイジング医療に取り組み、自分の若さを保つことに応用してきた私が、50代の読者のみなさんに伝えたいことをまとめました。

その中でいちばん知っていただきたいことは、歳をとっても若い人、そして歳をとっても幸せな人は、みんな脳が若いということです。

若さを保つと言うと、運動とか、ダイエットとか、検査データを正常に保つとか考える人が多いでしょうが、それ以上に脳の若さを保つほうが、今後の幸せやおそらくは長生きにもつながるということです。

脳の若さを保つと言うと、脳トレとか脳活といわれるものをイメージされるかもしれませんが、実は、それでは脳の一部の機能が保たれるだけです。

また、脳の老化と言うと、記憶力の低下とか判断力の低下などをイメージされるかもしれませんが、それがはっきりと目立つようになるのは70代くらいからで、80歳になっても知能テストの点はそんなに落ちません。しかしながら、脳の中の前頭葉《ぜんとうよう》という部分がいちばん早く老化が始まり、50代にはその影響が目立ち始めます。その代表的なものが意欲の低下です。もう出世なんかしなくていい、今のままの暮らしで十分、若い頃のようにガツガツできない……という具合です。

男性の場合、歳をとるほど男性ホルモンも減るので余計に意欲が落ちます。意欲が落ちると面倒なことはしたくなくなります。前頭葉が喜ぶような楽しいことでないとやる気が起こらないのです。

ただ、それによって脳や足腰を使わなくなると、どんどんその機能が弱り、フレイルといわれる虚弱状態や要介護状態にまっしぐらになります。

前頭葉というのは知能テストで表されるような知能より、想定外のことに対応する機能を司《つかさど》るとされています。これが衰えてくると、そういうことを避けるようになります。

行きつけの店しか行かないとか、同じ著者の本ばかり読むという形で、想定外のことが起きないような生活を好むようになるのです。すると、前頭葉を使わないので、余計に前頭葉が衰えます。

本書では、前頭葉の若さを保つために常識を捨て、楽しむことで、前頭葉を若返らせ、意欲を保つための方法や考え方をお伝えします。

それによって幸せな老後が得られるのです。

定年後でもいいじゃないかと思いますが、そのときには今よりずっと意欲が衰えていることが多いのです。そうなったら、楽しむことさえ面倒になりかねません。

また定年後にも働くことで脳や身体機能を維持できるのですが、その準備も今からのほうが賢明です。さらに言うと、ストレスでうつにもなりやすい時期なので、今の時期はストレスを避けることも大切です。

本書を通じて、今を楽しみ、さらに高齢になってからも元気になっていただければ、著者として幸甚この上ありません。

和田秀樹

老後に楽しみをとっておくバカ　目次

1章　「常識」という荷物を下ろすともっと身軽になれる

2章　50代で老ける人・老けない人、たった一つの習慣の差

3章

自分の可能性を狭める「思考のクセ」を知っておく

4章 人生が変わる！ 新しい日常を手に入れる小さな一歩

5章

いらない「人間関係」を今、捨てる勇気

6章 先送りをやめた先にある超・充実人生

編集協力／カデナクリエイト
ＤＴＰ／エヌケイクルー

プロローグ

50代、人生は先送りするほど損をする

仕事、教育費、住宅ローン……責任がのしかかる50代だからこそ

人生100年時代などといわれますが、そう考えると、50代はちょうど折り返し地点と言えるでしょう。

年齢的にだけでなく、仕事や人生のステージにおいても、登山で言えば、すでに上り坂を過ぎて、頂上を経験し、今や下り坂を歩み出していると感じている人も多いと思います。

そのいっぽうで、今の50代が背負う荷物は、決して軽くありません。

会社で責任ある仕事をまかされる機会は多く、組織全体や部下のことを最優先に考える

べき管理職でもある場合がほとんど。住宅ローンや教育費といった大きな支払いがまだ続いている方も少なくないでしょう。両親に会うたびに体も声も小さくなっていて、近い将来、介護でお金や労力がとられることを想定しておく必要もあるかもしれません。

「だから、まだまだがんばらなければ！」

「自分のことはガマンしても、会社のため、家族のために働こう」

「老後の生活のことを考えると、今は仕事優先で、お金を貯めておかないと」

「好きなこと、やりたいことは、仕事人生が一段落してからゆっくり楽しもう!!」

そんなふうに考えている人が少なくないのではないでしょうか。

でも、その考え方は、今すぐ捨てたほうがいいと私は思います。誤解を恐れずに言えば、それは大きな間違いだ、とも。

本書を手に取っている人は、50代か、あるいは50代を目前にした人でしょう。50代こそ、自分がやりたいことをやるべきなのです。

そう言うと、

「今は仕事や家族に対する責任がある」

「老後の生活を考える必要がある」

「忙しくて時間がない」

「体力も衰えを感じるようになってきたし」

といった反論が返ってきそうです。でも、だからこそ、ずっとやりたかったこと、いつかは試してみたかったことを「今」始めるべきです。

それは、スポーツやダンス、旅、グルメといった趣味でも、資格の勉強でも、仕事のスキルアップでも、なんでもかまいません。

50代で、やりたいことを先送りしていることは、残りの人生においてリスクそのものです。

あえてきつい言い方をすれば、老後に楽しみをとっておくなんてバカな考え方は、しないほうがいい。

その理由を本書でつまびらかにしていきたいと思います。

定年退職したら、子供が自立したら……では遅い理由

ピカピカだった新車も何万キロメートルも走り続ければ、あちこちが故障し始めます。

私たちの心身も50代にもなれば、少しずつガタついてきます。

まずは筋力。筋肉は40歳あたりを境にじわじわと落ち始めます。加齢によって細胞が劣化するため、肌も内臓も劣化していきます。

腰や膝などの痛みも出てきて、激しい運動をすると腰や膝に負担がかかり、スポーツを楽しむのが難しくなります。

「65歳の定年を迎えたら、世界中の雪山をめぐってスキーを楽しもう」

そんな夢は今だからまだ抱けるのです。

実際に65歳になったら、衰えた筋力やガタのきた膝では、スキーのようなハードな運動が困難になっているかもしれません。

「そうか。でも私は文化系だから関係ない。会社を辞めて落ち着いたら、好きな本や映画

にどっぷり浸って過ごすつもりだ」

「自分もだ。会社人間の荷を下ろしたら、大学に入り直してずっと勉強したかった世界史を学び直してみたい」

「自分は起業に挑戦したい。今いる会社ではできなかった夢を叶えたい」

なるほど。

しかし、老化は何も体力だけに表れるわけではありません。

むしろ深刻なのは、脳の老化＝感情の老化です。


脳にはさまざまな部位がありますが、なかでも私たちにとって重要なのは前頭葉です。

大脳皮質と呼ばれる脳の表面部分のうち、40％程度を占める前頭葉は「人間らしい機能を担う部位」ともいわれます。

それは前頭葉が「感情のコントロール」、つまり怒りや不安などを処理してくれる役割を担っているから。加えて、もう一つ前頭葉には「意欲」をうながす役割があります。

脳の中でもこの前頭葉が老化すると、意欲が低下し、感情のコントロールに不調をきたします。

この前頭葉の老化も40代後半から表れ、50代で本格化する人がほとんどです。画像診断をすると顕著ですが、40～50代で前頭葉がどんどん縮んでいきます。

そう考えると定年を迎える65歳頃には、その劣化具合がどうなっているかは想像に難くないでしょう。

前頭葉が縮めば、意欲がなくなる。「好きな本や映画にどっぷり浸かる」のも億劫になるかもしれません。感情も劣化するのだから、新たな創作や物語にワクワクし、感動する機会も減っていきます。

「大学に入り直して、学び直す」のは、意欲が衰えていたら、なかなか面倒なことです。新たな学びの場に飛び込むハードルもうんと高く感じるでしょう。

「起業」のため、ビジネスシーズ（ビジネスの種）を探し、市場のニーズを掘り起こし、仲間を見つけて資金を集める、などという一連の活動も、確実に困難になっているはずです。

「65歳になった定年後に……」

「仕事が落ち着いたら……」

「いつか……」

のんきなことを言っているうちに、老化によって体力も意欲も感性も衰える。

気がつけばただただ年老いた自分の姿に愕然として、こう思うのではないでしょうか。

「もっと早く、やっておけばよかった」

やり残すことなく、一度きりの人生を存分に楽しみたかったら、65歳になってから始めるのでは遅い。

やりたいこと、少しでも気になっていることがあれば、まだ体力があり、脳が縮み切らず、意欲も感性も残っている50代の「今」始めるべきなのです。

リカバリーできる期間があるのも50代の強み

人生は実験である、と私はよく言います。

実験とは、それまでやったことがない何かを試す挑戦のことを指します。

失敗したら別の方法を試してみる。失敗したらまた別の方法。それでも失敗したら、さらにまた別の方法――。

こうして失敗を繰り返す中で、実験の精度が少しずつ上がり、成功に近づいていけます。つまり、限られた人生という時間の中でやってみたいこと、成し遂げたいことがあるならば、あれこれ実験してみるのが正解です。言い方を換えると、充実した人生には、挑戦して失敗を繰り返すことが不可欠なのです。

失敗して、また新たな実験を試みるのには体力が必要です。まだ体力と意欲がある50代のうちに「やりたいことを始める」必要があると言ったのは、そのためです。

やりたいことをやり切る充実した人生を送るためにも、また、定年後の時間を存分に楽しむためにも、今から実験を繰り返して成功の精度を上げる。

失敗してもリカバリーできる50代のうちに、やりたいことを始めて、備えておきたいのです。

お金の心配よりもはるかに大切なこと

「言っていることはわかった。けれど先立つものがない」

「人生は定年してからも長い。だから老後生活に必要な資金を、今のうちに稼いでおかないと」

そんなふうにお金の心配をする人がいるかもしれません。

しかし、50代ともなれば、余剰資金は多少なりともあるはずです。

もとより、お金は天国まで持って行けません。

その手前、70〜80代になったとき、いくら巨万の富があったとしても、それを使って楽しむ体力や気力はどれくらい残っているでしょうか？

たとえば、同じヨーロッパを旅するにしても、50代ならばレンタカーを借りてドイツ・バイエルンのアウトバーンを疾走し、フランス・パリで思う存分ワインとフランス料理を楽しみ、坂の多いスペイン・バルセロナの町並みを上り下りしながら街歩きしたりできるでしょう。

興味の赴くまま、やりたいことがまだまだ存分にできます。

しかし、同じ料金をかけたヨーロッパ旅行のタイミングが、80歳であったらどうでしょう？　速度無制限のアウトバーンを運転するのは好奇心より恐怖心が先立ちます。疾走する醍醐味やスリルはもう味わうことはできません。

パリで良さそうなビストロに立ち寄っておすすめメニューを頼んでも、脂がたっぷり乗ったグリルやソテーは胃もたれして楽しめません。

バルセロナの坂道をそぞろ歩きたくても、膝や腰が弱っていたら、喜びよりも苦痛が勝りそうです。

体力や活力が残っていなければ、時間も好奇心も満たせないかもしれない。

すばらしい異国を旅したとしても、すばらしい体験ができないかもしれない。

そして、思うのです。

「もっと早く、旅に出ていたなら……」

体力や意欲、感性は、人生の大切なリソースです。

同じお金を使うのでも、いつ使うかで、その価値は大きく変わってきます。

最大限にそれら人生のリソースを使える絶好のタイミングが、多くの社会経験や知識があり、多少なりとも自由に使えるお金を持っている50代なのです。

50代のうちにお金や体力、意欲や感性をどう使って、何を得るか。

それこそが、本当にやりたいことをやり、なりたい自分になる人生を送るコツであり、定年後の人生を豊かにしてくれる、実りの多い自分への投資なのです。

私はかれこれ30年以上も65歳以上の高齢者を専門に精神科医をしてきました。

たくさんの高齢者の方々に会ってきたからこそ、確信して言えるのが、「満足そうな老後、幸せそうな定年後を歩んでいる人のかなりの部分が、50代からその準備をしたり、やりたいことを始めたりしていた」ということです。

体力・気力がまだ残っているうちに、自分のやりたいことに挑戦し、練習を積めば、さらに歳をとったとき、たっぷりと経験や知識、仲間が増えています。年老いてから「よっこらしょっ」と立ち上がったのでは、なかなかそうはうまくいきません。

今、あなたが50代ならば、手掛けている仕事や、会社の立場や責任、老後の備え、お金などに縛られるのはもったいない。むしろ、あえてそれを脇に置いてでも、その分の時間やお金、労力を、自分の人生を豊かにするための投資に振り分けるのです。

「仕事の責任やお金の心配は脇に置いてでも、自分の人生を楽しむ？　少し非常識なのではないか」

はい。そのとおりです。

非常識、大いに結構。

50代に入ったら、これまでの「常識」は捨て去りましょう。

そのほうが結果的に、仕事や家族も含めたトータルの人生が豊かになっていくはずです。

そんな例を私はたくさん見てきました。

だから、体が動くうちに、遠慮することも躊躇することもなく、思い切って旅立ちましょう。

1章
「常識」という荷物を下ろすともっと身軽になれる

50代になったら使うのを一切やめたい言葉

50代になったら、使うのを控えてほしい言葉があります。

「ちゃんと」「きちんと」「しっかり」といった類いの副詞です。

日本人は生真面目《きまじめ》な方が多いため、こうした言葉で自分を縛りつけます。

生真面目な常識で、自分で自分を締めつけるのです。

「プロとして〝ちゃんと〟仕事をしなければ」

「〝きちんと〟お金を稼いで、老後に備える必要がある」

「父親（母親）なんだから、〝しっかり〟しよう」

すばらしい。

まだあなたが40代以下であれば、私は称賛したでしょう。

職種や業種を問わず、真摯に仕事することは称賛に値します。一人ひとりの仕事が社会を支えています。老後に備えて効率的にお金を稼ぎ、貯蓄や投資などで賢く増やせば、収入が減る老後の生活も安心です。良き家庭人、良き上司でいることは人望につながり、居心地が良く心理的安全性の高い自宅や職場を築くことにつながります。


しかし、あなたがすでに50代なら話は別です。

何しろ定年となる60～65歳までの時間は、あと10年ほどしか、ない。

「ちゃんと仕事を……」と、今までどおり滅私奉公したところで、10年も経てばあなたは会社をお払い箱になります。もちろんこの先、役員や代表クラスになる道をまだ残す方はそのまま突き進んで結構。しかし、ほとんどの方は、出世競争からはスピンアウトしているのではないでしょうか。衰えゆく体にムチを打って無理をしても、会社員としてのゴールは知れているのです。

一方で、人生100年時代となった今や、定年してからの時間はうんとある。100歳まで生きられるかどうかはともかく、今の40~50代の平均寿命は90歳くらいにはなるでしょう。つまり、あと30~40年以上は人生が続くのです。

この長い「余生」をいかにうまく使えるかは、50代での動き方にかかっています。会社から30年近い余生を送れと放り出されたとき、「好きなことをやろう」「やりたかったことを始めよう」と思っても、60歳を過ぎていたら、今よりも体力も意欲も衰えているはずです。

まだ動ける50代のうちに動き出したほうがいい。

10年もあれば、相当な準備ができるし、挑戦もできます。

たとえばギターを弾いてみたかったら、今から始めましょう。50歳の素人でも、60歳になるまでの10年練習すれば、相当なテクニックを手にできます。ライブハウスのステージに立つことだってできる。そのためにバンドを組んで、仲間を見つけるのにも十分な時間があります。

逆に定年になって65歳になってギターを始めて、そこそこ弾けるようになるのが数年後。そこから気の合うバンドメンバーを見つけるのはいかにも困難に思えませんか？

もとより、もうステージで演奏する体力も気力も、今より格段に落ちていそうです。

「飯炊き3年握り8年」なんて言葉があるように、寿司職人として一人前になるには10年の修業が必要といわれます。50歳で修業を始めたら、60歳の頃には立派な寿司職人として独り立ちすることだってできます。

大学に入り直して、新しい勉強を始めて、大学院まで進んで博士号だってとれる時間もある。

今とは違うやりたいこと、興味がある分野で起業するのも、50代の動けるうちにその領域をちょっとずつ勉強して、副業でもいいから手掛けておけば随分違います。

どれもこれも60歳になって、いくら時間とお金が余っていても、ゼロからスタートさせるのはあまりに荷が重いはずです。

だからまず、50代になったら「ちゃんと仕事をすべき」なんて常識を捨てましょう。

あなたはこれまで十分、会社に、そして社会に尽くしてきたはずです。それなりの結果も残してきた。しかし、同じことをあと10年続けたとして、今以上に上り詰められる見込みはありそうでしょうか？　もし現状維持か下がるだけになりそうなら、切り替えたほうがいい。無理して続けても、10年後にボロ雑巾のようになっているだけです。

だから、50代になったら「会社に尽くす」意識は捨てましょう。アクセルを緩めていい。むしろ、会社や仕事だけに貴重な時間と体力を搾り取られるのはナンセンス。誰かのために人生のリソースを使うのはやめて、本当に自分がやりたいことのためにそれを使いましょう。今いる会社、今たずさわる仕事は、ひとまずの生活費を稼ぐ手段として割り切るくらいでいいのです。

「きちんとお金を稼ぐ」ことは大切です。だから、会社をやめろとは言いません。

しかし、やりたいことを削って、やりたくないことをしてまで〝きちんと〟する必要はありません。

「けれど、まだ家族にお金がかかる。良き父親（母親）でもありたい」

もし、本気でそう思っているなら、なおさら生真面目に働くことも、お金のために必死になることも手放すのが正解です。

毎日、仕事で疲れ切って、家ではげっそりとしてダラダラ過ごす父親（母親）と、仕事だけじゃなく趣味や学びのために、好奇心いっぱいに目を輝かせて生きる父親（母親）。子供たちにとってどちらが魅力的でしょうか？

50代を境に、「ちゃんと」「きちんと」「しっかり」は捨てましょう。

常識に縛られる必要はもうない。50代の第一の心得は、あなたを縛る「生真面目」という「常識」を捨てることです。生真面目を捨てたら、人は自由になれます。

そうすれば、残された時間をいよいよ自分のために使えるのです。

戦略的「働かないおじさん」のすすめ

最近、ネットなどで「働かないおじさん」がやり玉にあがります。

働かないおじさんとは、会社で成果をあげられなくなっているのに、ムダに給料だけ高いおじさん世代を揶揄《やゆ》する言葉。仕事をしているふりをしながら、ネットサーフィンにいそしむ生産性の低い人たちで、「老害」代表のように扱われているわけです。

自分は「働かないおじさん」だと思われたくないと考えている50代の方は多いでしょう。しかし、私に言わせればまったく気にする必要なし、です。そもそも若い頃に安い給料で会社に尽くしてきたのですから、今は働きの割に給料が高くても、若い頃に会社に貸したお金を返してもらっているだけなのです。

むしろ「働かないおじさん」を目指すくらいでちょうどいい。

50代になってもう出世街道から離れたなら、もうガムシャラに会社に尽くす意義などありません。後ろ指をさされようが、ムダな残業などをしない省エネワークスタイルを貫くのが正解です。

そうして空いた時間を、自分がやりたいことのために充てるのです。

実際、働かないおじさんになったからといって、クビになる心配はありません。

日本では労働契約法の第16条に「解雇は、客観的に合理的な理由を欠き、社会通念上相当であると認められない場合は、その権利を濫用したものとして、無効とする」といった条文があります。労働関係の法律は、基本的に被雇用者を守るためにあるものなので、極めて被雇用者側に有利なものになっています。

ちょっとくらい「働かなくなった」としても、収賄やインサイダー取引といった法律に触れるようなことをしていない限り、日本で働く人が、雇用者の権限でクビにされることはないからです。

やるべき仕事はソツなくやりはしますが、余計な仕事は他人まかせに。残業などせず、さっさと帰りましょう。

部下や後輩を育てるのも、40代社員にまかせてしまえばいい。彼らはまだ出世にしのぎを削る頃。社内に自分の派閥を作る意味でも、後進を丁寧に育てるのは意味もメリットもあります。

しかし、50代でもう出世をあきらめてしまえば、そんな必要は皆無だし、若手にとっても出世しない人間にかわいがられるのは意味がない。かわいそうですらあります。働かないおじさんとして、自信を持って勤めあげましょう。

そして、残りの10年間は、そこそこの給料をもらいながら、自分の時間を作って、そこに集中して時間や体力や好奇心を注ぐのが、幸せの近道です。

50代からは、自分のリソースを、会社ではなく、自分自身に費やすのです。


私の知人でも50歳を過ぎた頃から、もともと趣味だった料理の腕を磨こうと料理教室に通い始めた人がいます。10年も学べば、包丁さばきから料理のレパートリーまで多彩に広がるのは当たり前。

そして、60歳になったと同時に、スパッと会社を辞めて小料理屋を開きました。味は抜群。それなりに常連も増えて、何より楽しそうに仕事をしています。

平日はノー残業で過ごすことで体力を蓄積、週末となればクルマで毎週、外房の海まで行ってサーフィンを満喫している50代男性もいます。「あと10年は続けたい」と彼は言いますが、見事に割れた腹筋と精悍《せいかん》な表情を見るたび、「あと20年は続けるだろうな」と感じています。

彼らは出世街道を外れていたこともあり、社内ではいわゆる「働かないおじさん」です。でも、50代を通してずっと会社に尽くし、挙げ句の果てに、65歳で定年退職を迎えたときには疲れ切って、気力も体力も残っていない。そんな典型的な会社人間と比べたとき、トータルでどちらが豊かな人生と言えるでしょうか？

仕事ができないわけではなく、本当に自分のやりたいことのために「働かないおじさん」になる。いわば戦略的働かないおじさんのほうが、なんだか幸せそうに感じないでしょうか？

定年延長や再雇用にひそむリスク

「働かないおじさんになったら、定年延長は期待できない」
「収入が少なくなる恐怖がある」

確かに、定年延長や収入アップの道は閉ざされる可能性は高いでしょう。

でも、そのほうがラッキーかもしれません。

最近は、いったん60歳で定年させ、その後は嘱託《しょくたく》などで再雇用して65歳まで働かせるケースが増えています。継続雇用制度です。今は人手不足のため、働き手が欲しい企業がほとんどです。ただ年功序列でムダに高くなった給料は払いたくないというのが企業の本音でしょう。

だから役職をはがしとったうえで、再雇用という名目で、これまでの職級を離れて新たな給料体系を採り入れられるのは、企業にとって都合がいい。会社にしがみつきたい被雇用者側にとってもまた、都合がいいわけです。

しかし、実際に再雇用された人の話を聞くと、どうも不満を抱く人が多いようです。役職は奪われ、給料も半分程度にまで減らされているのに、「これまでとほとんど同じ仕事を同じくらいやらされている……」という声が少なくないのです。

それならば再雇用のほうがリスクがあるのではないでしょうか。

定年延長だって、自由を謳歌する時間がなくなるだけです。

もし、60歳、あるいは65歳を過ぎてからも稼ぎたいのならば、転職をすすめます。

50歳を過ぎたら転職先などほとんどない、との声をよく聞きますが、それは「職を選んでいるから」です。

たとえば「これまでどおり、年収500万円以上は欲しい」となれば、難しい。年収500万円の仕事ならば、成り手は多いでしょう。企業としても同じ給料で同じ仕事をまかせるならば、若いほうがいいところがあります。

しかし、これを「年収300万円以内」に下げると、景色は変わります。住宅ローンや子供の教育費など大きな支出がもう終わっていたり、メドが立っていたりするのであれば、現役時代のような年収は、必ずしも必要なくなります。

すると、飲食店などのサービス業、販売職、あるいは今後、伸びることが約束されている介護職など、圧倒的な売り手市場が現れます。

単に人手不足の業界であるだけではないことにも注目です。

超高齢社会を迎えた日本では、飲食店にしろ小売店にしろ、消費者と近い中高年層の活躍の場が広がっています。自分と同じ感覚でサービスや商品をおすすめしてくれるし、話しやすい同世代のほうが求められる場合も増えているからです。

介護の現場では、とくに男性の働き手が多く求められています。力仕事が多々あることもその理由ですが、女性介護職員が要介護者からセクハラやパワハラなどを受けるケースが増えている昨今、男性の介護職員はその心配が少ないからです。

また、私も関わることがある映画やテレビの制作現場では、年収300万円程度ですが、常に人材を募集しています。慢性的に人が足りないからです。

若い頃、こうした映像制作の現場に憧れた人も多いでしょう。それなりの肉体労働ではありますが、今はかつてより労働契約が厳しいため、劣悪な現場は減っています。もはや将来の成功を考えなくていいシニア世代こそ、「映画の現場で働ける」といったかつての夢を叶えるのも素敵だと思います。

職種でみると、経理や総務といった間接部門の仕事で、ベンチャー企業に転職する例も多いようです。

急成長したスタートアップ企業などは、起業家メンバーと優れたエンジニアや営業マンは最初から揃っていますが、売上利益に直結しない間接部門の人集めがどうしても後手に回りがちです。そういったところでは、それなりの企業で経験を積んだ経理マンや総務マンの活躍の場があります。

もちろんベンチャー企業はそれなりにリスクは高いですが、50代ともなれば、年金がもらえる65歳まで会社がもてば十分と言えます。そういう意味では、若い人よりもむしろリスクがとれるのです。

年収にこだわらなければ、多くのベンチャー、スタートアップ企業で歓迎されるでしょう。若い人たちと働けるのも、いい刺激になりそうです。

年収３００万円は低いようですが、65歳を過ぎれば年金も入ってきます。子育てなどが終わっていれば、年金と合わせれば十分、生活できる金額でしょう。

５００万円以上はもらえるけれど、邪魔者扱いされる職場にいるか。３００万円程度だけれど、周囲に感謝されて働くか。

あなたはどちらを選びますか？

老後資金をたくさん貯めておく必要はあるのか

晩婚化や高齢出産が増えたことで、50代になっても小さなお子さんがいる方もいるでしょう。50代でも住宅ローンが多く残っている方も少なくないはずです。

お金に関しては、そのように人によって違いは大きいですが、ちょっと前に世間を騒がせたような「老後には2000万円は必要だ」とあせって貯めておく必要はない、と強く言っておきたいところです。

そういった、個々の事情によって大きく変わることに関しては、この先30年も今の生活レベルを続けられることを前提とした「常識」はまったくアテになりません。

そもそも、年金がいくらもえるか、厚生年金だけなのか企業年金も付加されるのか、持ち家か借家か、都市部に住んでいるか地方に住んでいるか。人によってまったく事情が違うので、老後に必要な資金も違ってくるからです。

こうしたニュースや新聞から垂れ流される「常識」といわれるものに踊らされないためには、まずは実際に自分はどれくらいの老後資金が必要か、ざっくりでいいから調べておきましょう。

世間の平均的な「常識」よりも、あなたの「現実」を見たほうがいい。

たとえば先述したように、50代から準備しておけば、定年後も働ける場所はいくらでもあります。業種や職種は限られますが、年収300万円程度なら稼ぎ続けることができる。

そのうえで、65歳になれば年金が支給され始めます。

実際に自分がいくらくらいの年金を受給できるか、ちゃんと把握していますか？

厚生労働省の「公的年金シミュレーター」といったサイトで簡単に試算できるので、ぜひ試してみてください。

仮に、現時点で、

・1973年生まれ（2024年段階で51歳）
・22〜60歳まで会社員として勤務

・平均年収は400万円

で試算したところ、年間受け取れる年金支給の見込み額は、156万円でした。月々にするとちょうど13万円です。

一見少ないようですが、月13万円に加えて、先にあげた年収300万円分（月収25万円）があれば、毎月38万円の収入が得られるわけです。

仮に住宅ローンをすでに払い終え、子供がいないか、あるいは子供が巣立っていたとしたら、余計な出費もありません。月の生活費だけと考えると十分ではないでしょうか。

ムダに相続税を負わせたり、揉め事を増やしたりすることを考えると、子供にたくさんのお金を残す必要もありません。老後の医療費や介護費用は気がかりでしょうが、公的保険があるので、実はそれほどお金はかかりません。

さらに、万が一、老後資金が本当にショートしたとしても、セーフティーネットとして「生活保護」もあります。

生活保護というと、何かうしろめたい思いを抱くかもしれませんが、厚生労働省の発表によると、2023年8月時点で日本の生活保護受給者数は202万人。実に人口の60人に1人ほどが生活保護を受けているのです。年金が少ない人は、基準額より少ない額が生活保護からもらえるのですが、それによって医療費や介護費用の自己負担分がタダになるのです。

もちろんそれは最終手段ですが、いずれにしても「老後2000万円」という世間の常識に縛られる必要はありません。お金の心配を抱く前に、残された時間と体力の心配をしましょう。日に日に目減りして、取り戻せないのはそちらです。

「常識」という荷物を上手に下ろす

50代は人生の転換期です。

一度きりの人生、やりたいと思ったことは、できるだけやっておきたい。

死ぬときに、あれをすればよかった、これをやればよかったということが、できるだけない人生にしたい。

そう願っているならば、50代の今、始める必要があります。

そのためには、まず「常識を捨てる」こと。

きちんと働かねば、なんて「常識」は捨てる。むしろ、「働かないおじさん」と呼ばれてもいいくらいに開き直って、アクセルを緩めておく。

定年になって仕事人生が一段落したら、やりたいこと、挑戦してみたいことをする、なんて「常識」も捨てましょう。いざそのときに備えて、体も心もまだ若さが残る50代のうちに始めておくのです。スキルとノウハウと経験と仲間は、早く身につければ身につけるほど、あなたの人生を豊かにしてくれます。

老後は多くのお金が必要という「常識」も捨てましょう。

いくらでも働き続ける場はあるし、いざとなったときのセーフティーネットもある。少なくともお金のためだけに、嫌な仕事にしがみつく必要はありません。

多少、収入が減っても、誰かに頼りにされる、感謝される。そんな場を見つけ出すほうが大切な残りの人生、確実に充実するはずです。

これからはいよいよ自分のために、生きるときです。

2章 50代で老ける人・老けない人、たった一つの習慣の差

老化のサインは意外なところから

やりたいことをやり切る人生のために、50代から生き方をガラリと変える必要がある。

そのためには、「仕事や会社にしっかり尽くす」「お金の心配をなくすためにしっかり貯めておく」といった「常識」を捨てるべき。1章では、そう説いてきました。

本章では、その根拠が、まず50代を迎えたあなた自身の「肉体の変化」にあることを、ひもといていきましょう。

50歳前後になると、人は誰しも、あるサインを感じ取ります。

40歳前半くらいまで「当たり前にできていたこと」が、ふいに難しくなる……。

そう、「老い」のサインです。

わかりやすいのが、視力です。

まず、本を読むのが億劫になります。小さな文字がかすんで読みづらくなります。気がつけば、スマホの画面をうんと目元から離してピントを合わせようとしていないでしょうか？

電車に乗って、広告や行き先を表示するトレインチャンネルを見ようとしたら、ぼやけてよく見えないなんてことは？

間違いなく、老眼です。

老眼になると文字や画像がぼやけることになるので、情報のインプット量がガクンと減ってしまいます。

また現代社会はデジタルテクノロジーの進化によって、経済も文化も人々の価値観もすさまじい勢いで変化していますが、ふと、その変化についていけなくなっている自分に気づきます。

「新しい何か」を吸収しにくくなっているのです。

「もうデジタルの最先端にはついていけないな……」「おっさん（おばさん）だから仕方ないか……」

数年前までは意地でも口にしなかった言葉を、つい口走ってしまいます。

いや、口走りたい言葉そのものを思い出せなくなる瞬間も増えます。

「あの映画、良かったよねえ。ホラ……なんだっけ、ホラ。あの女優が出ていた……あの女優だよ、ホラ、なんて名前だっけ？」と、聞き手にしてみればまったくノーヒントの会話になっていたり。

友人、知人、有名人……、以前はよどみなく出てきた人の名前も、たびたび思い出せなくなる瞬間に遭遇します。

想起力（思い出す力）の低下です。

些細な会話で感じる自分のふがいなさに、小さなイライラがたまっていきます。

ため息とイライラを積み上げたまま、1日を終え、お風呂に入る。

このとき自分の顔を、風呂場や脱衣所の鏡でふと見つめます。

老眼のため見過ごしていましたが、鏡に近寄ってよく見てみれば、顔にはシワやシミが増えていることに気づきます。

さらに髪は力強さを失い、白髪も日に日に増えているように見えます。体形も変わりました。お腹にぽっこりとついた脂肪が落ちづらくなり、肌にハリもありません……。

「すっかり老けたな……」

何度目かの深いため息が漏れます。

人間は赤ん坊として生まれると、体と頭脳を右肩上がりに成長させながら、人生を歩んでいきます。

背は伸び、体重は増え、知識は積み上がり、経験も蓄積されていきます。

まるで空高く打ち上げられる野球のボールのように、打ち出された途端、グングンと上昇しながら加速するように人間は成長していきます。

しかし、いくら強い打球でも、やがて勢いは失われます。

徐々に力は弱まり、頂点で弧を描いて、今後は下降していきます。

同じように人間の体も衰えていく……。

下降線をたどり始めたことを、いやがおうにも意識させられるのが「50歳前後」というわけです。

ただし。

アンチエイジング医療に関するエビデンスと経験を豊富に持つ医師である私に、ここで言わせていただきたい。

老化が始まるのは、肉体的な衰えからなのではありません。

「本当の老化」は、もっと別の場所から始まるのです。

最も危険なのは、前頭葉の老化である

人でもものでも、経年劣化にはあらがえません。

靴でも、自動車でも、冷蔵庫でも、使えば使うほど劣化していきます。

人間の体も物理的な存在である以上、くたびれるのです。

たとえば、先にあげた「老眼」。

その原因は、目の筋力の衰えです。

眼の中には水晶体というレンズの役割を担う部位があります。この水晶体を厚くしたり薄くしたりすることで、人はピントを合わせています。

ところが45歳を過ぎるあたりから、この水晶体の厚さを調節する筋力がガクンと弱まります。ピントを合わせようと思ってもうまく合わせられないのです。

これは、あたかも機械部品が摩耗するようなもので、物理的な現象であり、程度の差こそあれ、誰しも受け入れざるをえない劣化現象です。


「想起力の低下」も同様です。

大好きだった映画のタイトルが思い出せない。知り合いの名前が思い出せない。何を買うつもりだったかど忘れしてしまう……。

加齢によるこうした普通の物忘れは「想起障害」と呼ばれています。

想起障害はこれまでの人生でたくさんの物事を記憶してきた結果、脳の中が洋服でパンパンに膨らんだクローゼットのような状態になっていて、どこかにしまった記憶はあるのに取り出したくても取り出せなくなっているのです。

だから想起障害は健常者にも起こる物忘れであって、認知症などの病気の症状としての物忘れとは基本的に異なります。

長い人生でたくさんの経験を積んできた中年以降だからこその現象と言えます。

「顔のシワ」はさらに仕方ないことです。

私たちの肌には、コラーゲンやエラスチンといった弾力性やハリを形成するのに役立つたんぱく質が含まれています。コラーゲンやエラスチンは「性ホルモン」がその生成をうながすといわれているのですが、年齢を重ねると誰しも、性ホルモンの分泌自体が減少してしまいます。

シワもカサカサ肌も、スキンケアだけでは限界があります。年齢を経るごとに性ホルモンの合成は減少していきますから、肌も次第に衰えていく。

これはやはり仕方のないことです。

しかし、先ほど私は、「本当の老化が始まるのは、肉体的な衰えからなのではありません」と言いました。

「本当の老化」は、もっと別の場所から始まる、と。

では、いったい何が衰えると、「本当の老化」が始まってしまうのでしょうか？

結論を先に言いましょう。

先にもお伝えしたように、脳の中の「前頭葉」の機能が衰えると、本当の老化が始まるのです。

前頭葉は、大脳の前方に位置する部分です。

前頭葉の主な役割は、「感情」や「意欲」をコントロールすることといわれています。

ですから「前頭葉の機能が低下する」ことは、すなわち、感情や意欲が劣化してしまうことになります。

最近どうも意欲が湧いてこない……。

感情が乏しくなった気がする……。

そんな状態であれば、あなたの前頭葉は、劣化が始まっているのかもしれません。

「そう言えば……」と思い当たりませんか？

老眼で小説が読みづらくなったり、俳優の名前が思い出せなかったりすることもさることながら、それ以上に、小説を読んでも映画を観ても、若い頃のように〝血湧き肉躍る〟ような感動を味わうことが減っている……。それどころか、読みたい、観たいという意欲も衰えてくる。

私が「本当の老化」と指摘したいのは、まさにここなのです。

めっきり感動が減った。

感動が減ったから、意欲もやる気も湧いてこない……。

それこそが、「本当の老化」が、静かに、しかし確実に進行している証拠なのです。

私はそんな状態を、「前頭葉がバカになった状態」と呼んでいます。

「前頭葉バカ」になってしまった状態。

あえてキツい言葉を使うのは、それだけの理由があるからです。

前頭葉の老化を食い止める、たった一つの習慣

「前頭葉が衰える？　いやいや、私は毎日のように本や新聞を読んで、脳を刺激しているから問題ないよ」

「『前頭葉バカ』だって？　ハハハ。俺は毎日、仕事をきちんとこなしているから、脳の衰えとは無縁だよ」

読者の中にはそう思われる方もいるかもしれません。

しかし残念なことに、ただ漫然と読書をしたり、仕事をソツなくこなしたりしているだけでは、前頭葉の衰えを防ぐことはできません。

たとえば「読書」という行為は、文字列の内容を認知して、理解する作業です。

言語の認知や理解、言語の記憶を司るのは、脳の両側面に位置する「側頭葉《そくとうよう》」という部分。

読書しているとき、脳は、ほとんどこの側頭葉しか使っていません。いつもの馴染みの

著者の本や、毎朝、習慣的に読んでいる新聞の場合はなおさらです。

また、決まり切った仕事を毎日ルーティンのように続けているだけでは、脳は省エネモードになって、ラクをしようとしてしまいます。

いずれにしても「前頭葉」はほとんど使われていません。だから、読書を大量にしたり、単に現役で仕事を続けていたところで、前頭葉を活性化することはできません。


では、前頭葉はどうすれば活性化できるのでしょうか？

どうすれば、「前頭葉バカ」を食い止めることができるのでしょうか？

ズバリ言いましょう。

それは、「これまでに経験したことがない新しい体験をすること」です。

先ほども述べたように、前頭葉の主な役割は、「感情」や「意欲」のコントロールです。

つまり、「感情」が揺さぶられ、「意欲」が湧き起こるような新しい体験をすれば、前頭葉も活性化されるというわけです。また、前頭葉は想定外のことに対応する脳だと考えられています。

訪れたことのない場所に行って、人生でこれまで見たこともなかったすばらしい景色を眺める。

あまり縁のなかった演奏会に足を運んでみて、これまで聴いたことがなかった音楽に触れてみる。

なじみの友達ではなく、新しく初めて知り合った人と、いつもは行かないようなしゃれたレストランに行ってみる。

私たちはこうした「未知の世界」に触れたときに、「いったいこれは何なのか」と、好奇心を揺さぶられ、前頭葉が働きます。

湧き立つ好奇心は、意欲ややる気に火をつけて、さらなる未知の世界へと足を運ばせます。

こうして前頭葉が活性化してくると、ますます新たな経験への興味が湧き起こるようになります。

50代にもなると、「今さら新しいことなんて億劫だなあ……」と腰が重くなりがちです。

しかし「新しいこと」を敬遠することが、あなたの前頭葉を劣化させ、老化が早まることにつながるのです。

筋肉と同じで、脳も使わない部分は衰えていきます。

腹筋運動をすれば、お腹まわりの筋肉が発達します。スクワットをすれば、太ももの前方にある大腿四頭筋《だいたいしとうきん》や、お尻の筋肉である大臀筋《だいでんきん》が鍛え上げられます。

「前頭葉」を鍛えるのも、筋トレと同じことです。

これまで経験したことのないことをすることが、老化を防止するための何よりの筋トレとなるのです。

医療の世界にも「前頭葉バカ」がいっぱい

その人の前頭葉が活性化されているかどうかは、いわゆる、学歴とは関係がありません。

残念ながら私がいる医療の世界には、古い常識に縛られた「前頭葉バカ」が多く見受けられます。

たとえば、乳がん治療。

転移のない乳がんに罹患した場合、現在のスタンダードな治療法は、なるべく乳房を切らずに治療する「乳房温存療法」です。

もちろん、がんの進行具合や状況によっては「全摘出」することもありますが、QOL（クオリティ・オブ・ライフ）の面から、今はなるべく乳房を残して治療を目指すのが一般的となっています。

しかし、かつての常識はまったく違っていました。

1990年代前半までの日本では、乳がんと診断されたら、すぐさま乳房をすべて取り除く「乳房全摘」、すなわち乳房とともに大胸筋《だいきょうきん》などの筋肉まで切る手術を選択するのがスタンダードだったのです。

1980年代、日本の医師たちが「全摘出こそスタンダード」とどんどん乳房を切っていた頃、アメリカではすでに乳房温存療法がスタンダードになっていました。

アメリカでは「乳房を摘出しても温存しても5年生存率が変わらない」という臨床試験によるエビデンスがあって、日本の医師たちにもその情報は届いていました。

それを亡くなった近藤誠先生が「文藝春秋」誌上で紹介したのですが、乳房温存療法は無視され続けました。

そのような判断を下したのは、当時、がん治療の権威であった医学部の教授たちです。

「これまで、オッパイを全部取らないと転移すると患者に話してきたのに、メンツがつぶれる」

エビデンスを目にしても、自分たちのメンツは守らないといけない。そんな理由から新しい治療法を受け入れなかったのです。それどころか近藤氏を排斥し続けました。

そして他の外科医たちも、業界の権威たちの意見に右にならえ、です。乳房温存をやっていることがバレると「近藤の味方」といわれて排斥されるからです。

本来切らなくてもよかったかもしれない乳がん患者の方々の乳房が、犠牲になっていきました。

医療とは、常に進歩、前進していくべきもの。

「これがベストだ」と考えられてきた学説や治療法が、時代とともにアップデートされていくのは当然のことです。それが科学というものでしょう。

ところが日本の医療の世界は、科学とは言えない雰囲気があります。

まるで一種の「宗教」です。

これまで信じられてきた医療の常識が、唯一絶対。昔ながらの信念体系に縛られた教授たちのやり方が、唯一絶対。

教授たちに気に入られなければ、大学病院の医師たちは上に上がることができませんから、教授がこだわる古い医療の常識に、「ノー」を言う者も出てきません。

日本の医療界のくだらないこの構造が、結果的に、乳房温存療法の標準化をアメリカより15年も遅らせてしまうことになったのです。

乳房温存療法が日本でもやっと導入され始めたのは、新しい治療法を拒否してきた古参の教授たちが、すべて定年を迎えて退場していった後のことです。

医療界のこの構造は、今も何も変わっていません。

新型コロナウイルスがまん延した2020年から2022年にかけて、多くの医師たちが出した対策は、「ウイルスを封じ込めましょう」「マスクをして外出を控えましょう」といったものでした。

50年以上前の感染症学の古い常識を持ち出して、未知の感染症に対応したに過ぎません。

そして、対策もワクチン一本やりで、一般の人の免疫力を上げようという医者は、専門家会議にはいませんでした。

権威や常識に楯突くことの重要性

新しい常識を受け入れることができない「前頭葉バカ」。

難関である医学部を出て、医師免許を取得し、賢い人の集まりであるはずの医師や医学部教授たちが、なぜ、このように古い常識や慣習に縛られてしまうのでしょうか。

私は大きな原因の一つに、日本の教育システムがあると思います。

と言うと、「詰め込み型教育のことを言いたいんだろう」と思われるかもしれませんが、私は、日本の小・中・高校までの詰め込み型の教育スタイルは、とても理にかなっていると思っています。

冷蔵庫の中に材料が入っていなければ何の料理もできないように、あるいは、クローゼットの中に服が揃っていなければおしゃれができないように、まずはベースとなる言語能力や計算力、科学や歴史の基礎的な知識を、教育課程の早い段階で「詰め込んで」おかなければ、優れたアウトプットは期待できないからです。

昨今は、日本の小・中・高校で「探究型授業」が必修化され、自ら課題を見つけ、正解がない解決法を深い考察のもとに探り出そうとする力が重視されています。それも大事な教育ではありますが、それ以上に、まずはしっかりと基礎的なことを詰め込む、叩き込む。教育課程の早い段階は、インプットの学習をしっかりとする必要がある時期だと思います。

実際にアメリカやヨーロッパをはじめ世界各国でも、初等教育においては、個性尊重型の教育から詰め込み型の教育にシフトチェンジしていると言います。それによって実際に学力が伸びているそうです。

というわけで、小・中・高校までは「詰め込み型」でいいでしょう。

問題は、大学になってからです。

大学になると、日本の学力レベルは、急激にガクンと下がってしまいます。

それは数字にも表れています。日本の小・中・高校の教育水準は世界的に高いにもかかわらず、大学のグローバルな評価はずっと低いままです。

イギリスの大学評価機関であるクアクアレリ・シモンズ（QS）が発表した「2024年版の世界大学ランキング」によれば、ベスト100位に入ったのは、東京大学（28位）、京都大学（46位）、大阪大学（80位）、東京工業大学（91位）の、たった4校のみ。

世界ランキングにおいて日本の大学の評価が低いのは、「学術論文に引用される教員が少ない」のが最も大きい要因とされています。

大学は高等教育の場にもかかわらず、日本の大学生は、小・中学生の頃のように、ただただ「そうなんですね。覚えておきます」と詰め込み型のスタイルからなかなか抜け出せません。

このような環境で学んだ後、大学の教員への道へ進む人がいるわけですが、「そうなんですね。覚えておきます」のスタイルが染みついていますから、彼らの書く論文はつまらない。つまらないから世界の学術論文に引用されることが少ない。そのことが、世界において日本の大学の評価が低くなっている理由だと私は考えています。

それでは他国の大学は、どうなのでしょうか。

高校までの詰め込み型教育でひととおり「インプット」をし終えた学生たちは、大学に入ると「アウトプット」をし始めます。

教員の教えることに対して、ただただ「そうなんですね。覚えておきます」とはなりません。教授の言ったとおりの解答を書いていても、Aはもらえません。

「本当にそうでしょうか？　僕はこう思うのですが……」

「いや、そうとは限らないのではないですか？　なぜなら……」

「ちょっと待ってください。他にこういう考え方もありますよね？」

こんなふうに、教員の意見に対して批判や議論をしかけます。教員もそれに答える形で討論します。

互いに議論を深めることで、学生のほうは、教員が長年にわたって深めてきた研究のエッセンスを、自分の中に取り込むことができます。

教員のほうは、これまで気づけなかった新しい視点、新しい考え方を、学生から得ることになります。得られた新しい視点によって、研究をさらにアップデートできるわけです。

先に、「前頭葉は、新しい体験に出合わなければ活性化しない」という話をしました。

活発な議論によって、これまで気づけなかった新しい視点、新しい考え方を得られれば、前頭葉の活性化につながるでしょう。

ところが日本では、大学生になっても無批判に、教員の「詰め込み」を受け入れるだけ。これでは前頭葉は活性化しません。

日本の大学は、いわば「前頭葉バカ養成所」となってしまっているのかもしれません。

それではなぜ、日本の大学生は積極的な批判や議論をおこなおうとしないのでしょうか。

私は、日本の大学が、本来、若い学生たちが持っているはずの、とがった意見や反抗心、批判的な態度を嫌う傾向にあるからだと見ています。

欧米では、たとえばハーバード大やオックスフォード大などでは、大学の入試面接のとき、アドミッションオフィス（学生の募集から選抜までの実質的な業務を遂行する入学事務局）のスタッフが、面接官を担当します。もちろん、大学教授には原則的に面接をさせません。

そして面接での評価基準は何かと言うと、「教員に逆らいそうな学生かどうか」を見ます。先述のように、教員と学生の議論が活発になるほど、学内は活性化し、研究レベルはあがり、ひいては大学の未来の発展につながると考えるからです。

一方、日本の場合は、大学入試の面接官はたいていが大学教授です。権威主義がはびこる日本の大学では、教授は事務局のスタッフよりもずっと立場が上とみなされています。実際に多くの権限が、教授に集中しているのです。

そのように権威的な教授たちですから、面接では「自分が教えやすそうな学生」を選《え》り好みします。逆らいそうな学生、反抗的な学生などもってのほかです。

権威的な教授に選ばれて入学した学生たちは、教授に好かれようとさらに従順になり、とにかく「教授のおっしゃるとおりです」とイエスマンになり、教授サマの教えに異を唱えるなんてことは考えもしません。

医学部の学生たちも同じことで、権威的な医学部教授たちが教える古い医療の常識や慣習を、疑うことなく受け入れていきます。

若い頃なら誰しも持っている、権威に楯突く牙やとがった爪を、きれいに抜かれ、はぎ取られてしまうのが、日本という国の教育システムなのです。そして、医学部の場合、すべての大学で入試面接がおこなわれ、逆らいそうな学生は落とされてしまうので、余計にその弊害が大きくなります。

勉強はできるが、上から言われたことに従順で、古い常識や慣習を守り、教えられたことは違う「新しいこと」は受け入れようとしない。

このようにして「前頭葉バカ」は再生産され、社会に送り出され続けてきたのです。

医療の世界だけではありません。

きっと、あなたの会社や取引先でも――。

前例主義で大きなチャンスを逃す

「前頭葉バカ」は新しいことを受け入れることが苦手なので、どうしても「前例主義」になりがちです。

議論する余地もなく、「前例がないから」という理由だけで否定されてしまう……。誰しもそれぞれの居場所で、似たような経験があるのではないでしょうか。

・新たな営業先開拓を提案したら、上司に「あー、ムリムリ！」とにべもなく却下された。
・新規事業のアイデアを口にしたら、先輩に「目の前のことをやってからだろ！」とキレられた。
・スーツにネクタイ姿ではなく、ジャケットにカットソーの少しカジュアルな格好で取引先に商談に行ったら、「イマドキ風だねえ」と嫌みを言われた。

そんな経験に思い当たりのある人も多いと思います。

私自身も、同じような経験があります。

私が書いた本の中で、最近のベストセラーが、2021年に出した『70歳が老化の分かれ道』（詩想社新書）と、2022年に出した『80歳の壁』（幻冬舎新書）です。

医師という仕事柄、多くのシニアの方々と直《じか》に接している私は、70代、80代の多くの方々が、一般に思われている以上にとても意欲にあふれていて、まだまだ元気でいたいと考えていることに気づきました。健康寿命をできるだけ長くして、いきいきと生き続けるための術《すべ》を知りたい強い欲求があると、常日頃から、肌で感じていたのです。

ですから高齢者向けの本を書けば、ニーズは絶対にあると確信していました。

それで『70歳が老化の分かれ道』と『80歳の壁』が、立て続けに大ベストセラーとなったのです。

実はそれまでにも、高齢者向けの本をいくつか出していました。

ところがいずれも売り上げは鳴かず飛ばず……。

ではなぜ、内容はあまり変わらない高齢者向けの本が、突然ベストセラーになったのか。

私は本のタイトルに、「70歳が」「80歳の」というふうに、年齢を入れたからだと思っています。

私が高齢者向けの本を書いたときには、昔からいつも、「70代の～」とか「80代のための～」とか、タイトルに年齢を入れることを提案していました。

ところが出版社の側に「あまり高齢の年齢をタイトルに入れると、読者を限定してしまって、多くの人に手にとってもらえない」という思い込みがあり、受け入れてもらえませんでした。「70歳とか80歳という年齢を入れるのは言語道断である」と、出版社の上層部が許さないということもありました。

しかし出版社が「前例主義」を捨てて、「70歳」「80歳」をタイトルに入れた『70歳が老化の分かれ道』と『80歳の壁』は、大ヒットになったのです。

つまり、これまでの古い常識に縛られることは、大きなビジネスチャンスを逃すことにもなるということです。

にもかかわらず、今の日本は、伝統的な大企業から中小零細に至るまで、常識を捨てられず、新しいチャレンジに尻込みする「前頭葉バカ」が多くはびこっています。

「おいおい。〝今の日本は〟なんて、ちょっと主語が大きすぎないか？　日本は、世界に冠たる経済大国として、焼け野原から成長してきたではないか。ソニーやホンダといった挑戦的なグローバル企業も生まれてきたぞ」

そう反論される方もいるかもしれません。

はい。まったくもってそのとおりです。

日本は、昔から「前頭葉バカ」の国だったわけではありません。

優等生だった日本経済が堕落した本当の理由

太平洋戦争で焼け野原となった日本は、1950年に始まった朝鮮戦争による特需をきっかけに、驚くほどの復活を遂げます。

1960年代後半に入ると経済成長率は年率10%に達し、高度経済成長はピークを迎えます。低価格で高品質の日本の技術力が、世界に認められ始めた頃です。

そして70~80年代になると、ソニーの「ウォークマン」や「ベータカム」に代表されるような革新的な製品が日本発で生まれ、「トヨタ生産方式」に代表される日本型の企業経営が欧米などから見直され、『ジャパン・アズ・ナンバーワン』という本が出されるほど、世界からその経済の強さが注目される存在となります。

さらに80年代後半からバブル期に入り、三菱地所がニューヨークのロックフェラー・センターを買収し、ソニーがアメリカの大手映画会社コロンビア・ピクチャーズを買収するなど、日本はアメリカに次ぐ世界第2位の経済大国になりました。

革新的に新しいことに挑み続けるこの頃の日本人は、前頭葉もきっと活性化されていたことでしょう。

ところが90年代前半、バブルが崩壊します。

成長から失速へ、線が引かれるのはちょうどこの頃。

ここを境に日本は長い経済低迷期に入り、「失われた30年」と呼ばれ、このままでは「失われた40年」になるともいわれています。

私は長引く経済低迷の要因の一つに、日本全体にじわじわと「前頭葉バカ」が増えていったことがあると考えています。

これは、私の感覚で言っているのではありません。

見ていただきたいのは、日本人の「平均年齢」の推移です。このデータを見ると、日本全体に「前頭葉バカ」が増えている様子がよくわかります。

１９５０年、戦後復興のきっかけとなった朝鮮戦争勃発の年、日本人全体の平均年齢は、26・６歳でした（国立社会保障・人口問題研究所「人口統計資料集２０２３年改訂版／人口の年齢構造に関する指標」による）。

20代中盤ですから、まだまだ体力も知力も伸び盛り。新しいことへの挑戦に臆することなく、前頭葉もさぞ活性化していたと思います。「新しいやり方を学び、それに挑戦して、いつか欧米を追い越そう」と、古い慣習など捨てて当たり前の、チャレンジの時代だったでしょう。

そして１９６０年の平均年齢が、29・１歳。１９７０年の平均年齢が31・５歳で、１９８０年は33・９歳でした。

つまりバブルの頃までは、日本全体が、意欲にあふれた青年期のような日々を過ごしていたのです。

ところがその後、少子高齢化が進み、２０２１年の平均年齢はなんと47・９歳に。年齢の中央値（中位数年齢）では、49・０歳です。つまり、ほぼ50歳です。

先にお話ししたように、前頭葉は50歳前後から劣化が目立ち始めます。

前頭葉が劣化すれば、新しい何かに挑戦しようという意欲がなくなる。

日本人の平均年齢が50代にさしかかろうとしているということは、日本全体が「前頭葉バカ期」にさしかかっているということになります。

新しい挑戦を恐れない「青年期」を過ぎた日本は、過去の成功にばかりしがみついて、前例主義から抜け出せなくなっている。

前頭葉が劣化し始める50歳前後に、新しいことに挑戦しようとしなければ、さらに前頭葉が劣化していくばかりです。

私が憂えるのは、日本が超高齢社会を迎えているその現実よりも、新しい挑戦をしようとしない「前頭葉バカ」な日本人ばかりになってきていることなのです。


ちなみにアジア各国の数字を調べてみると、中国の平均年齢は38・4歳、インドネシアは31・1歳、インドは28・7歳です（２０２０年時点。World Population Review「Median Age by Country」より）。

これらの国々では、若い年齢層が社会をリードしています。

前頭葉が若々しいですから、新しい挑戦を恐れません。たとえば中国では、世界のどこよりもDX（デジタルトランスフォーメーション）が推進されています。ガソリン車から電気自動車への転換を目指す「EVシフト」が進み、無人タクシーや、顔認証によるキャッシュレス決済などが当たり前の社会になっています。新しいテクノロジーをどんどん取り入れるチャレンジ精神が社会を活性化し、それにともなって新しいビジネスチャンスもたくさん生まれています。

ところが日本はどうでしょう？

お役所ではいまだにファックスを使い、手書きの書類を大量に作らねばならない……。新型コロナ禍のとき、その発生届がいまだにファックスでやりとりされていたのをテレビのニュースで見た人も多いでしょう。

ところが役所がデジタル化を推進しようとすれば、「監視社会になって危険だ」と的はずれな批判をする人たちが殺到する。それであまり急なデジタル化は進めにくくなる。

日本は平均年齢が〝アラフィフ〟ですから、前頭葉が萎縮してしまった人たちが、過去の常識に縛られたまま、チャレンジしようとする人たちの足を引っ張っているのです。

〝アラフィフ〟にさしかかり、前頭葉が劣化し始めた日本人。このまま前頭葉の老化が進み、日本人から、感情も意欲も失われていくのでしょうか……。

安心してください。

まだ引き返せます。

50代からでも十分に間に合う。60〜70代でも大丈夫

人間の感情や意欲を司る前頭葉は50歳くらいを境に、萎縮が画像でもわかるようになります。

すると、新しいことに挑戦するのが億劫になり、物事への好奇心も衰えていきます。

繰り返しお伝えしてきた「前頭葉バカ」の状態は、こうして始まります。

前頭葉が劣化すると、過去の常識にとらわれて、世の中の新しい動きについていけなくなってきます。

考え方は古臭くなり、好奇心がなくなるから目の光は消え、意欲がないから何をするにも覇気がなくなる。

こうして、体の老化よりも深刻な、「感情の老化」が始まるのです。

しかし、すでにお伝えしてきたように、前頭葉は「使わない」から萎縮して衰えるのであって、しっかり「使えば」、老化を食い止めることができます。

それには、「これまで経験したことがないこと」や「新しい考え方」を積極的に受け入れていくことが大切です。

そのためには、「当たり前だ」「仕事とはこういうものだ」「私はこう習った」などという、頭にこびりついたガチガチの「常識」を捨てていくことが必要になってきます。「50代は、会社や家族のためにがんばるときだ」「部下や子供たちの良き手本になるべきだ」といった「常識」も同じです。

次の章から私がお伝えすることを、実践してみてください。

するとあなたの前頭葉がみるみる若返り、再び意欲や好奇心が湧き出てくることでしょう。

まだ間に合います。

60代、70代の方でも大丈夫です。先述のように、日本の場合は若い人たちも前頭葉を使っていないので、この年代の方でも脳をちゃんと使えば逆転しやすいのです。

通常の筋肉のトレーニングに比べれば、「前頭葉の活性化」は、うんとラクにこなせます。

あるいは40代の方でも「自分がこれから行く道だ」と思って、やってみてください。

やりたいことをやり切る、充実した人生を送るためにも、ぜひ知っておきたい「前頭葉バカ」にならない方法。

次の章から、順序立ててお伝えしていきましょう。

3章

自分の可能性を狭める「思考のクセ」を知っておく

自分を縛る洗脳から抜け出そう

感情の老化、マインドの劣化である、「前頭葉バカ」になるのを防ぐ——。

その必須条件は、今まで当たり前だと思っていた「常識」を捨てることです。

ところが50歳前後にもなると、声に出さずとも、こんな思いが頭をよぎりがちです。

「俺はそんなふうに習っていない。そのやり方は間違っているのではないか」

「実際に前例を見たことがないし、ありえない」

「私たちの時代はこのやり方が当たり前だった。若いやつはわかってない」

長年にわたって積み上げてきた知識や経験。

こうした自分の中に積み上げられた「常識」が、新しい何かを受け入れることを拒むのです。


「フィンランド症候群」という言葉をご存知でしょうか？

1974年から1989年までの15年間、フィンランドの保険局が大規模調査をおこないました。

対象者は、40歳から45歳の男性約1200人。

そのうちの600人のグループには、最初の5年間、4カ月ごとに健康診断をおこない、診断の数値が悪い人にはさまざまな薬を処方し、アルコールや砂糖、塩分の抑制を含めた食事指導や、運動などの生活指導をおこないました。

残りの600人のグループには、定期的に健康調査票に記入してもらうだけで、とくに健康管理には介入しませんでした。

調査6年目からは、どちらのグループも健康管理を自己責任にまかせました。

「健康を管理されていたグループ」と「何もされなかったグループ」。

常識的に考えれば、「健康を管理されていたグループ」のほうが長生きしそうですよね？

ところが15年後に調査してみると、「何もされなかったグループ」のほうが、心血管系の病気、高血圧、がん、自殺、その他の原因による死亡、いずれにおいても、「健康を管理されていたグループ」よりも、その数が少なかったのです。

つまり健康にとくに気を使っていなかったグループのほうが、病気も少ないし、死亡率も低いという皮肉な結果が出たのです。

健康に気を煩《わずら》わせるほど、それがストレスになり、後年になってかえって健康を害する傾向になる。

これがフィンランド症候群と呼ばれているものです。

タバコやお酒を我慢し、食べたいものも食べないのでは、精神的に大きなストレスがかかります。

つまり「心」が健康でいられなくなったわけで、それが「体」に影響して、病気になったり死を招いたりすることもある。

そうした「体よりも心」の因果関係を、フィンランド症候群は指し示してくれます。

フィンランド症候群のお話をしたのは、常識的に考えて「当たり前だ」と思われることに対して、実は「間違っているかもしれない」とクリティカル（批判的）な視線を向けることの大切さを知ってもらいたかったからです。

ただ、これについても、日本の医療界は「やり方がおかしかった」「禁煙を守らなかった人が多かった」などと批判するばかりで、同じような調査研究は誰もしていないのです。

「しっかり健康管理をしたほうが長生きする」というのが日本では「常識」ですが、試してみないと本当のところはわかりません。

古ぼけた教科書に書いてあることをそのまま適用することが、果たして本当に正しいのかどうか。

実際に実験や調査をしてみないで、教科書に書いてある「常識」を鵜呑みにしてよいのかどうか。

たとえば私はことあるごとに、「血圧が高いからといって、すぐさま病気になるわけではない」と主張してきました。

ところが、医療関係者からの評判はすこぶる悪い。

「和田は何の根拠があって、そんなウソを言ってるんだ！」

「そんな〝洗脳〟みたいな主張をして、いったいどうしたいのか？」

「和田の言うことを真に受けて、脳卒中になった人がいたら責任とれるのか？」

医療従事者専門の情報サイトなどで、こんな誹謗中傷がすさまじい。

しかし彼らこそ、過去の常識に縛られた「前頭葉バカ」の見本です。

確かに血圧が高すぎれば、脳卒中などの循環器系の病気のリスクは高まります。

しかし高齢者の場合、ある程度までは血圧が高くなっても、健康へのリスクはそれほど上昇しないという疫学調査が数多くあるのです。

その代表的なものに「フラミンガム研究」があります。

これはアメリカのマサチューセッツ州フラミンガムの住民を対象に、1948年から何十年にもわたり今も継続しておこなわれている大規模な疫学調査で、信頼性の高い研究です。

この調査によれば、高血圧による心血管リスクや死亡率には、加齢にともなって境界となるライン、閾値《いきち》が上昇するとの結果が出ています。

具体的には、65歳から74歳の前期高齢者では、男性で血圧が約160㎜Hg、女性で約170㎜Hgを超えた時点で、心血管リスクや死亡率が高まるとされています。

逆に言うと、男性で約160㎜Hg、女性で約170㎜Hgまでは、健康へのリスクはそれほど上昇しないということです。

ところが日本では、上が135㎜Hg、下が85㎜Hg以上（家庭血圧値）で高血圧だと診断され、すぐに降圧剤が処方されます。

2009年に日本高血圧学会が作った治療ガイドラインが、いまだに継承されているのです。

新しいエビデンスや科学的な最新のデータが出てきても、医師たちはそれらを検証することすらしないで、「はい、今日から一生この降圧剤を飲んでくださいね」と診断しています。

なぜか？　と問えば、彼らはこう言うでしょう。

「なぜか、だって？　治療ガイドラインにそう書かれているだろう」

「そんなことも知らないのか。昔からの常識だ！」

仮に、彼らが、

「和田はそんなデータを示しているのか。少し調べてみようか」

「確かにそういうデータもあるようだが調査対象者の数が少ないな。むしろこっちの実験結果のほうが信用できるのではないか」

とデータを検証したうえで、ロジカルに私を批判してくるのなら何も言いません。

しかし彼らは、彼ら自身がまるでしきたりであるかのように、古い常識を押しつけて批判してくるだけなのです。

彼らは錆《さ》びついた医療の常識に〝洗脳〟された、「前頭葉バカ」と言えます。

「前頭葉バカ」になっている人は、少なからず、似たような洗脳がなされています。

過去の常識や古臭いデータを、かたくなに信用し続ける。

エラい人が言ったことを鵜呑みにして、妄信する。

これまでの常識と反する事実やデータがあるのに、疑おうとしない。

洗脳以外の何ものでもありません。

「前頭葉バカ」から抜け出すには、「常識を捨てる」ことが必要だと言いました。

常識を捨てるというのは、ある種の洗脳から抜け出すことと言ってもいい。

「脱・常識」とは、「脱・洗脳」と言えるでしょう。

椅子は座るもの――本当に?

では洗脳を解こうとしたとき、必要不可欠なファーストステップは何か?

それは、自分の「思考」を客観視することです。

人は、自分自身の顔を直接見ることができません。

写真に撮ったり鏡を覗いたりすれば見られますが、それは、実際の自分の顔を見ているわけではない。

これと同じで、私たちは、自分がどのような「思考」を持っているかを客観視するのは難しい。

だからこそ「自分が洗脳されているはずがない」と誰しも思うのです。

では、自分の「思考」を客観視するにはどうすればいいでしょうか？

「思考」は、鏡に映らないですよね？

そこでまず、自分が陥りがちな「思考のクセ」を、あぶり出してみることにしましょう。

え？　「思考のクセ」って何？


「椅子は座るものだ」

「雨の日は憂鬱だ」

「血圧は上が１３５、下が85を上回ったらクスリで下げたほうがいい」


こういった判断のすべてに、「思考のクセ」が潜んでいます。

「椅子は座るものだ」――。

当たり前に思えます。

何もおかしくないし、偏った見方とは思えない。

しかし、椅子の用途は「座る」だけではありません。

脚立《きゃたつ》のように高いところにあるものを取るときの足場にもなるし、座面を作業台やテーブルにすることもできる。

「椅子＝座るもの」というのは、決めつけに過ぎないことがわかります。


「雨の日は憂鬱だ」――。

雨が憂鬱だなんて誰が決めたのでしょうか？

雨の日が好きで、晴れの日が嫌いな人もいます。

そもそも雨そのものは単なる気象現象であって、情緒的な意味などありません。

「雨＝憂鬱」、これも決めつけです。

「血圧は上が１３５、下が85を上回ったらクスリで下げたほうがいい」――。

これが凝り固まった古い考え方であることは、先ほどお伝えしたとおりですよね。

つまり、これらのすべては、おのおのの主観的な決めつけでしかない。

物事の見方を、自分の中で勝手に決めつけ、通り一遍の判断を下している。

これが「思考のクセ」です。

このように人間の思考には、人それぞれに、ある種の「偏り」があります。

これを「認知バイアス」と言います。

バイアス（bias）は、「偏見」とか「偏り」「先入観」と訳されます。

認知バイアスのメカニズムを知ると、「もしかして、自分の考えは思い込みに過ぎないかも」と、思考の「偏り」を見つめ直すきっかけになります。

いかに自分の頭の中が、「思考のクセ」に縛られているか……。

そのことを理解し始めると、まるで鏡を覗き込むように、自分の頭の中が少しずつ客観視できるようになるのです。

そして、自分の「思考」を客観視できるようになると、「脱・常識」「脱・洗脳」ができるようになります。

凝り固まった「常識」を捨てられるようになれば、「前頭葉バカ」にならずに済むというわけです。

バカへと走らせる「不安」というエンジン

日本人が、常識に縛られやすく、みんなと「右へならえ」になりやすいのは、不安の感情が非常に強いこととも関係があると思います。

内閣府が2022年に実施した「国民生活に関する世論調査」によると、「日頃の生活の中で、悩みや不安を感じているか」との質問に、「感じている」と答えた人の割合は78%にも及びました。

約8割が、不安を抱えている日本人。

では、なぜ日本人は、不安の感情がこれほど強いのでしょうか。

脳内の神経伝達物質の一つに、セロトニンという物質があります。

セロトニンは、脳の興奮を抑えたりイライラや恐怖心といったストレスを抑えたりして、不安をなくし、精神を安定させます。そのため「幸せホルモン」などと呼ばれることもあります。

脳の中で分泌されたセロトニンを再取り込みするたんぱく質を「セロトニントランスポーター」と言いますが、このセロトニントランスポーターの数を多く持つ人と、そうでない人がいます。

セロトニントランスポーターの数を多く持つ人は「L（ロング）」型の遺伝子、少なく持つ人は「S（ショート）」型の遺伝子です。

「S（ショート）」型の遺伝子を保有する人は、セロトニントランスポーターの数が少ないので、脳内のセロトニン濃度が低くなりがちになり、不安になりやすいのです。ですから「S」型の遺伝子は、「不安遺伝子」とも呼ばれています。

そして「S」型遺伝子（不安遺伝子）の保有率を、人種別に調べてみると、日本人で約80％、アメリカ人で約45％、南アフリカ人で約28％となっています。

つまり日本人は、圧倒的に脳内のセロトニンが不足しがちで、不安になりやすい人種だということです。

振り返れば、日本人がいかに「不安遺伝子」が多い集団であるか、腑に落ちる事象だらけです。

新型コロナ禍初期の「パニック買い」は、まさにそれでした。マスクや、消毒用アルコール、トイレットペーパーなどの買い占めが起きたのは、日本人の不安耐性の弱さを如実に表しています。さらにマスクの着用義務が解除された今でも、ほとんどの人がマスクを持ち歩いています。

厚生労働省の人口動態統計によれば、2022年の新型コロナウイルス感染症による死亡数は、約4万8000人でした。

しかし同じく2022年、通常の肺炎で亡くなった人も約7万4000人いましたし、がんは約38万6000人、心疾患（高血圧性を除く）で亡くなった人は約23万3000人もいました。

この数字を冷静に眺めれば、がんや心疾患の予防にももっと熱心であるべきだと思いますが、日本人の新型コロナに対する不安の持ち方はちょっと異常に感じます。

教育の現場でも、不安の感情が過剰になっています。

「あだ名ではなく、さん付けで呼びましょう」

昨今、小学校では「ニックネーム禁止令」が出されるようになり、友達を呼ぶときは「○○さん」と名前で呼びなさいというのです。

禁止の理由は、ニックネームがいじめのきっかけになるから。

確かに悪意のあるニックネームは、大人がきちんと注意すべきでしょう。

しかしニックネームは親しみを込めてつけられるものもあり、人と人の距離を近づけ、親密性を高めるきっかけにもなる。将来、同窓会で再会したときなどは、やはりニックネームで呼び合うから、一気に子供の頃に戻れるということもあると思います。

それを大人が「いじめが起きるのが怖い」と過剰に不安になって、子供たちのニックネームにまで干渉しているのです。

ところで、日本人に不安遺伝子を持つ人が多い理由として、日本が昔から「自然災害が多い国」だったからだといわれています。

2011〜2020年に起きたマグニチュード6・0以上の地震は、全世界の17・9%が、日本周辺で発生しています（国土交通省「2021河川データブック」より）。20

２４年１月１日に能登半島を襲ったマグニチュード７・６の巨大地震は、私たちに震災の怖さをあらためて想起させました。

世界の活火山は、約１割が日本に集中しています。

台風は１年に何度も上陸し、重大な被害を毎年出しています。

自然災害は、場合によっては命を落とす危険性をはらんでいます。

身の危険をできるだけ早く、敏感に察知できる能力は、生存確率をあげることとイコールになります。

それならば、ちょっとした「不安」にも、早く気づけるほうがいい――。

日本人は「不安遺伝子」を多くすることで、数々の自然災害をサバイバルしてきたとも考えられます。

けれど、どうでしょう?

ＶＵＣＡ《ブーカ》（Volatility＝変動性、Uncertainty＝不確実性、Complexity＝複雑性、Ambiguity＝曖昧性）の時代といわれているように、自然災害はともかく、社会、経済、政治、あらゆるものが変わり目を迎えています。

ＡＩ（人工知能）に代表されるテクノロジーは恐ろしいスピードで進化して、ついていくのもやっとです。世界中がインフレを続ける中で、その解決策を見つけ出せている国はほとんどありません。

ロシアのウクライナ侵攻は出口が見えないまま、中国や北朝鮮といった他の国と周辺国との緊張感も急速に高まっています。これも日本に本当に攻めてくるかを確率で考えると、不安の持ちすぎかもしれませんが。

もし、本当に不安遺伝子が他国の人より多く、生き延びるために発動し、ちゃんと思考できるなら、日本人こそが、この大きな潮流をつかみ、変化に対応した賢い策を実行できるのではないでしょうか？　危機回避する能力が高いのだから、それができそうに思えます。

日本人は不安が強い割に、ソリューション（解決策）を考えない悪いクセがあります。がんを非常に怖がってがん検診を毎年受けるのに、見つかったときにどこでどんな治療を受けるかを考えていない。認知症を異常に恐れるのに、なった際の介護保険の使い方を知らない。ニックネームを禁止してまでいじめをなくそうとしているのに、いじめられたときに子供に何をすべきかを教えない、といった具合です。

これにも当然、理由があります。

不安に対する過度の恐怖心が、「損失回避の法則」と結びついているからです。

「2円得する」より「2円損したくない」心理

損失回避の法則とは、行動経済学者でノーベル経済学賞を受賞したダニエル・カーネマンが唱えた「プロスペクト理論」の一つです。ひとことで言うなら「人間は本能的に〝得〟よりも〝損〟に大きく反応する」という理論です。

レジ袋を例に説明しましょう。

2020年7月、スーパーやコンビニ、百貨店など、日本でも多くの店舗でレジ袋が有料化になりました。以前は無料でしたが、過剰包装が環境問題との兼ね合いから問題視され、廃止されました。今は買い物してレジ袋を使いたいと思うと、小さいものでも2円ほどを払う必要があるのは、知ってのとおりです。

もっとも、当初はこうではありませんでした。2円でレジ袋を売るのではなく、「レジ袋を使わなければ2円安くなる」というシステムだったことを覚えているでしょうか。

しかし、このときはレジ袋利用者はあまり減らず、効果が薄かったのです。ところが、「レジ袋を使いたいなら2円払う」システムにした途端、多くの人々が「レジ袋いりません」と断り、エコバッグや持参した使い回しのレジ袋で買い物するようになりました。

要するに「2円得するよりも、2円損するほうがインパクトがあった」ということ。2円得することにはさほど興味がない買い物客も、2円損することには大いに興味が湧き、「できれば避けたい！」と拒絶したわけです。

レジ袋以外の普段の買い物でも、私たちは「損失回避の法則」をよく発動させています。

たとえば、「1万円のジャケットを9000円に値引きしてくれたので購入した」とします。

それは単純に「1000円の得をした」買い物。

けっこうお得ですよね？

では「1万円で購入した同じジャケットが別の店9000円で売っていた」とします。

こちらは今度は「1000円の損をした」買い物、ということです。

得をした場合も、損をしたのも、同じ「1割・1000円」という金額です。

ところが、私たちはなぜか、後者「1000円の損をした」ほうに、なんだかものすごいダメージを受けてしまいます。実際に自分に置き換えると「1000円の得をした」喜びより、うんと大きく感情を動かされる気がしませんか？

カーネマンはこのように、人は「得よりも損のほうにずっと大きな心理的インパクトを与えられる」と説いています。彼の実験によると得と損の心理的インパクトの差は、実に2・25倍であるとしています。


この損失回避の法則と、日本人の不安遺伝子がつながると、どうなるでしょうか？

日本人の多くに備わっている不安遺伝子は、そもそも人間に大きなインパクトを与える「できるだけ損をしたくない！」感情をより強く刺激します。

最も損をしない行動とは何でしょう？

それは「何もしないこと」です。

現状を維持し、新しいことをせず、一歩たりとも踏み出さない。

交通事故が怖いならば、外に出なければ安全です。コロナのときも外に出ない人が激増しました。

損をするのが嫌ならば、投資になんて手を出さなければお金は減りません。

新規事業や画期的な商品やサービスで失敗するのが怖いなら、これまでどおりの事実やサービスを続ければ、大丈夫でしょう。

しかし、外に出なければ、美しい景色や新しい経験や、すばらしい人や土地や食べ物やその他もろもろとの出合いは著しく制限されます。

株式投資や投資信託などに見向きもせず、給料を預貯金するだけでは、このインフレの時代になかなか生活を上向かせたり、老後に安心を得たりするのは難しそうです。

旧態依然としたビジネスを続けた結果、イノベーティブな商品やサービスが日本からほとんど出なくなり、国際競争力が極めて下がっているのはご存知のとおりです。

選挙になると、みんなが損失回避をしたいから、「前職者でいいや」と与党に投票し続けている。別の政党が政権をとって悪くなる可能性があるなら、今のままがいいということです。さらに、損したときのことを考えたくないから、がん検診を受けても、がんが見つかったときのことを考えるのを避けるわけです。

そして政治も世の中も変わらないまま、じわじわと朽ちていく。

ノーリスク・ノーリターン。

何もしないリスクと何かするリスク。本当のリスクはどちらなのでしょうか?

30年間成長のない日本経済ですが、前より生活が悪くなっているわけではありません。

その代わり、韓国や台湾などにどんどん追い抜かれているのです。

日本人の権威主義も「損したくないから」

いつも不安な日本人は損失回避の法則を働かせやすい。

すると現状維持をよしとしすぎて、新しい何かに踏み出せなくなる――。

日本人の特質ゆえに表れる前頭葉バカらしい思考に「権威主義」もあります。

過去の実績がすばらしい、学歴が高い、かつて栄《は》えある賞をもらった……。

こうした何かしらの権威を持つ人間を、むやみに信頼し、称えすぎる傾向が高いのです。

「大手メーカーで管理職まで経験したから信頼できる人に違いない」「東大出身だから、頭がいい」「ノーベル賞をとっているのだから、間違いない才人だ」といった具合です。

心理学や認知科学には「スキーマ」という言葉があります。

「刷り込み」のことです。

広く遠くまで水があふれる場所を見ると、私たちは「海だ！」と瞬時に認識します。髪が長く、スカートをはいた小柄な人を見かけると、「女性だな」と理解します。

これまで積んできた学習経験から、素早く情報を処理してムダなく答えを導き出す。思考をショートカットするとても便利な機能として、人はこうした「刷り込み」による知識を発動させる。それがスキーマの意義です。

九九を見ればすぐに答えられるのも、赤信号ですぐに止まれるのも、スキーマが発動しているからと言えます。

ただし、「刷り込み」は、ときに「思い込み」である場合も多い。

広く遠くまで水があふれる場所を「海だ」と認識したが、それが琵琶湖やカスピ海のような広大な湖であることは大いにありえます。

髪が長く、スカートをはいて、小柄だったとはいえ、それが性別としては男性であることだって当たり前にあります。

自分の狭い経験とちっぽけな教養に縛られた答えは、往々にして間違いとなります。思い込みによる勘違いを起こすのが、スキーマの弱点です。

「背もたれがあるものは椅子だ」

「椅子は座るものだ」

「椅子は机として使わない」

こうして柔軟な発想や、広がる可能性をうんと矮小化《わいしょうか》してとらえてしまう。

狭い視野で、世界を小さくしてしまうのです。

権威主義に話を戻すと、東大＝頭がいい、というスキーマも同様です。

「大手メーカーで管理職まで経験した」からといって、信頼するに足る人物とは限りません。誰かを蹴落とすのが得意なだけだったかもしれないし、むしろ周囲に嫌われる信頼おけない人間であることだって当然あります。

「東大出身だから、頭がいい」というのは、ある程度合っているかもしれません。しかし、受験勉強での成績がいいからといって、専門分野以外のことでもなんでも優秀な結果を残せるかと言えば違うはずです。しかし、東大出身と聞いただけで、「頭がいい」と妄信する人は実に多い。それ以上に大学を出てからどれだけ勉強しているかで、頭の良さは変わっていきます。

「ノーベル賞をとっているのだから、間違いないない才人」

これも「東大＝なんでも優秀」に似たスキーマを生じさせがちです。

才人だから、頭がいいから、教育の成功例だから。

そうしたスキーマを発動させて、日本ではよく「ノーベル賞をとったから」という理由だけで、学校教育の議論をする有識者会議などの長に任命される。あるいはメディアが教育論を語らせたりします。お門違いです。

ノーベル賞は特定の分野で、旧来の仮説をくつがえして、飛び抜けてすばらしい成果を残した人が受賞します。飛び抜けるためには、常識から外れる必要がある。ある意味、極めてとがった変人のような人でなければ受賞できないと言えるでしょう。それはすばらしいことですが、スタンダードなレールからはみ出すからこそノーベル賞がとれるのに、その実践者にスタンダードなレールを作るヒントを得ようとするのは、妥当なこととは思えません。

つまるところ、「これだけ権威がある人なんだから、失敗することはないだろう」「これだけ他で評価されている人なんだから、失敗しても文句は言われないだろう」。そうした不安遺伝子×損失回避の法則が、過剰に不合理なスキーマを引き出して、権威主義にすがる日本人が生まれているのです。

そもそも〝元〟大手メーカー勤務とか、〝元〟東大生といった、過去の権威にすがること自体が不合理とも言えます。私自身、東大卒ですが、63歳の今、18歳のときの学歴で頭の良さを測られるのは違和感しかありません。ノーベル賞受賞者だって、たいてい数十年前の研究について評価される場合が多い。その後、研究を更新していなければ、前頭葉バカになる可能性は当然あるのです。

２０２３年４月、日本銀行総裁が植田和男氏になりました。

東大で宇沢弘文氏や浜田宏一氏の下で学び、ＭＩＴ（マサチューセッツ工科大学）大学院で博士課程を修了。阪大や東大で経済学を教えてきたとても優秀な方です。

しかし、私の予想では、日本経済が彼の手腕によって上向くことはないと見ています。

植田氏もやはり「過去、頭が良かった」ことからその席を手に入れているからです。また、先述の行動経済学を勉強しているようには見えません。

金融緩和か財政出動か、といった定石どおりの経済対策でしか、彼は舵取りができないことでしょう。しかし、日本経済は30年間もそれを続けて、浮上できませんでした。

これまでの常識的な経済政策で歯が立たなかったのですから、新たな違う施策を試す必要があるのです。しかし、過去の「優秀」さを持つ人たちには、これができません。

ブレイクスルーはまずありえないでしょう。

これまでの常識に縛られていては、挑戦ができないからです。それは日本経済全体の話ですが、私たち一人ひとりのビジネスの現場で抱えている病とまったく同じ構造なのです。

「プロの技」「海外の評判」をあがめすぎるバカたち

脱常識ができない日本人の特徴として、やたらと「プロの技」や「海外の評価・評判」を尊重しすぎることもあります。

これも根は一緒です。

自分の目で判断するのが怖く、不安で、損をしたくないから「プロフェッショナルとして腕を磨いてきた人が言うこと、やることなら間違いない」とすがっている。

あるいは「日本より見識が高い海外のあの国の人たちが評価したなら、きっとすごいに違いない」と物事の判断を、勝手にアウトソーシングしているのです。

「プロの技」「海外の評判」を病的に気にする日本人の姿は、映画業界がとてもわかりやすい悪例を示してくれます。

医師であり、受験指導などを手掛けている私が、映画監督をしたとき、業界のムラからは散々な言われようでした。「素人がまた映画を」「知名度だけでまた監督の誕生か」「道楽で映画を撮っている」。そんな声がほうぼうから聞こえてきました。

自分たちの世界を聖域と考える映画業界人、あるいは映画ファンからは徹底的に否定されたのです。でも、海外の映画祭だとそういうバイアス抜きで観てもらえたおかげか、『受験のシンデレラ』でグランプリ（第5回モナコ国際映画祭のグランプリ）をいただきました。

今の若い方は知らないかもしれませんが、あの北野武監督もそうでした。

初めての監督作は、1989年公開の『その男、凶暴につき』。その処女作を鑑賞した人たちからは、それまでの毒舌漫才師・ビートたけしのイメージを覆す冷たい暴力にあふれた衝撃作で、多くの絶賛を受けました。一方で、一部映画関係者からは「まぐれ当たりだ」「所詮、お笑い芸人の遊びだ」と冷笑されていました。

「映画のプロではないから」と、北野監督を下に見なす人が一定数いたのです。

ところが、1998年公開の『HANA－BI』が、世界三大映画祭の一つであるヴェネツィア国際映画祭で金獅子賞（グランプリ）をとると一変。「世界のキタノ」ともてはやされ、誰もが認める巨匠の道を歩み始めました。

北野武さんは、昔からすばらしい映画監督で、いい作品を変わらず作り続けていたのです。しかし、「海外の評価・評判」がすばらしいとわかった途端、手のひらを返して、絶賛を繰り返したわけです。

海外から評価されている才能を、「わからない」「よくない」と判断するほうが、損。不安を感じとって、風向きが変わったのです。

真面目だからこそ人を殺す

2023年2月、東京のある公立中学校の教師が、勤務先の学校から約170mほどしか離れていない住居に侵入。そこに住む60代男性を刃物で刺して殺害する事件が起きました。FX投資やギャンブルなどで数百万円の借金を抱えていたことから、金目当てに男性宅に侵入し、鉢合わせになったために殺害に至ったとされています。

注目したいのは、この容疑者に対する学校や近隣の証言に「とても真面目な良い先生だった」「いい父親に見えた」「だから信じられない」といった声が目立ったことです。

だから、メディアは「真面目な教師が意外な犯行」といった論調が多かったようです。

しかし、私は「いや、真面目だったからこそ犯行に至ったのだ」と考えます。数百万円の借金を返すために、人の家に入って、殺人まで犯してしまう。冷静に考えたら割が合いません。しかし、あまりに真面目すぎて「借金を返さなければ！」と強く責任を感じすぎていたのでしょう。不真面目な人間ならば、「なんとか踏み倒せないか」「適当に待ってもらおう」と考えることでしょう。「借金を返さなければならない」という一つのタスクに縛られ、常識を捨てられなかったがために、大きな罪を犯してしまったのです。

「認知的不協和」という言葉を聞いたことがある人は多いでしょう。

アメリカのレオン・フェスティンガーという心理学者が作った心理学用語で「自分が認知している事実と、矛盾する事実が現れたとき、強烈なストレスと不快感を覚えること」を指します。おもしろいのは、認知的不協和が起きたとき、人はその防衛反応として、むしろ矛盾した認知を全力で否定してくることです。

たとえばカルト宗教の信者が、「お前の宗教はどうもインチキらしいぞ」と言われて、「そうですか」とすんなり受け入れることはまずありえません。これまで頑《かたく》なに信じてきた自分の信仰心を全否定することになるからです。その強い信仰心と同じくらいの反作用を起こして、忠告してくれる相手の意見を否定し、むしろ信仰心が深まるのです。

まさしく洗脳された人たちが、メディアや当局から目をつけられ、叩かれ始めると、よりカルト色を強めて、先鋭化していくのはまさにこの認知的不協和が根底にあるからです。

一度学んだことを絶対の真理だと思ってしまう。

見聞きした過去の経験や知識をアップデートさせず、頑なに崩さない。

「常識」とされるものに対して、はみ出したり、あらがったりすることができない。

えてして前頭葉バカの兆候が強い人たちは、真面目すぎる人が多いものです。

真面目すぎるがゆえに、新しい事実や、刷新すべき知識を受け入れられない。

認知的不協和によって、むしろ激しく抵抗してしまう。ときに攻撃的にすらなる。

場合によっては、人を傷つけることすらあるかもしれない――。

真面目だったのに……、いや、真面目だったからこそ殺人を犯した中学校教師の動機づけには、そんな認知的不協和の悲しい原理が作用した可能性が大きいのではないかと思ってしまいます。

脱・洗脳、脱・常識を図らないことは、あまりに大きなリスクがあるのです。

ノーリスクを求めることはノーリターンを求めること

いま、50歳前後の人たちは、バブルの頃に青春時代を過ごし、日本が世界にほこる経済大国だったことを肌で知る世代です。

しかし、就職を果たした頃には、すでにバブルは崩壊。先に述べたように一直線に失われた30年の時代となりました。

ただし、手を離れて飛び立った紙飛行機が、突然、落下することはありません。じわじわと初速を弱めながらも惰性である程度は飛んで行ける。でも、その後だんだん落ちていくのです。

バブルが崩壊し、日本は変わらなければいけなかったはずなのに、みなさんは「これまでどおりのやり方を続けていこう」「日本式経営はすばらしいのだからまだ行ける」「上司の言うとおり」「先輩の言うとおり」に動くのが正しいと刷り込まれてきました。

だから「あれ?」「おかしい」と、認知的不協和を感じている方は多いはずです。

どんな業種でも、いつの間にか「これまでのやり方」は通用しなくなっていました。根性や気合いではなく、データとロジックがなければ、営業はままならなくなっています。これまでの長いつき合いや、取引の歴史よりも、見積もり額重視のドライな取引が増えました。

アパレル産業、旅行業界、家電メーカー、出版業界、広告——。

かつてはみんなが憧れた業界が、驚くほど衰退しました。

また40歳、50歳になる頃は、収入や将来の心配もすることなく、大きな部署のリーダーとしてバリバリに仕事をして、陰ながら日本経済を引っ張りつつ、それなりのマンションや一戸建てを購入して、幸せな家庭を築く予定だったと思います。

スーツも時計もそれなりのものを身に着け、いい車に乗って、夜になれば取引先や会社のかわいい部下たちと美味しい酒と食事を前に、硬軟合わさった議論に花を咲かせる。そんな未来を思い描いていたと思います。

しかし、社会に出てから20～30年経った今、あなたが立つ場所からは、どんな景色が見えていますか？

「思い描いた未来と違っていた」

きっとそう感じている方も多いと思います。認知的不協和を実感されている人は少なくないでしょう。

しかし、思い描いた未来と違ったのは、あなたが常識に縛られすぎた結果とも言えます。30年前に日本経済が衰退していくタイミングで「これまでとは違うやり方」に飛び乗る必要がありました。今、盛んに言われているＤＸ（デジタルトランスフォーメーション）の芽は、まさに約30年前に、ウィンドウズが家庭や職場に導入され、インターネットが当たり前になっていく過程で見えていたはずです。

紙媒体で得ていた情報はウェブサイトに移ることも。

旅行代理店を介しておこなっていた旅行や出張が個人個人が好き勝手にネットを通じてできるようになることも。

すなわちそれが、出版社や旅行会社の衰退に直結することも、冷静に周囲を見ればわかったはずです。

もっと言えば、「少子高齢化が……」などという常套句だって、それこそ30年前から言われ続けてきたことです。それが不景気の言い訳にずっと使われてきたわけですが、実はヨーロッパではほとんどの国が少子高齢化の状態です。

すべて「これまでどおりのやり方で大丈夫だ」「習った知識でなんとかなる」と常識を妄信してきた結果なのです。

逆に言うならば、常識を疑い、捨てることは、未来を正確に予測し、正しい未来を思い描き、進んで行く手助けになるとも言えます。

日本人に不安遺伝子が多いのならば、それを自覚して、あえて一歩を踏み出す気概を持つ。「損失回避の法則」の原理を深く理解しておけば、ノーリスクばかり追い求めることがノーリターンになることも、その損失も理解できます。道を選べるのです。

「学歴が高いから」

「海外から評価されたから」

そんな権威主義が〝逃げ〟であることがわかれば、それらに惑わされずに、自分の頭できちんと答えを見つけ出せるようになるはずです。

常識の殻を破り、モヤがかかったような複雑な時代に、鮮やかな活路を見出しましょう。

4章 人生が変わる! 新しい日常を手に入れる小さな一歩

学生たちの思い込みを揺さぶった粋な授業

「AIが進化して普及するこれからの時代、どのように生きるべきだと思いますか?」

元東大教授で社会学者の苅谷剛彦《かりやたけひこ》さんは、学生たちにこんな課題で短いレポートを書かせたことがあるそうです。

短く端的に伝える文章を書くのは難しいものです。

しかし、相手は東大の教育学研究科の学生たち。

みんな、それなりに論理的で学術的な論を立てたレポートを提出してきたそうです。

苅谷先生は、そのレポート用紙の右上に「96」「92」「100」……と赤字で数字を書き入れて、学生たちに返しました。

「あれ？　思っていたより良かった！」「おや、どうして、あいつより低いんだ？」

数字を見て一喜一憂する学生たちを前に、苅谷先生は言ったそうです。

「いやいや、その赤い数字は点数じゃないよ。きみたちが書いた文字数を5で割っただけ」

痛快ですよね。

教育社会学の領域ですばらしい論考を重ねてきたうえ、ウィットに富んだ授業で学生からの人気も高かった苅谷先生ならではの授業だと思います。

「返却されたレポートの右上に赤いペンで数字が書かれているから、点数に違いない」

勝手な思い込み＝スキーマに縛られる学生たちに、痛烈な皮肉を言い渡している。

一元的な経験知だけで思考の幅を狭めるな、と教え込んでいるようにも思えます。

それこそ「それでは、ＡＩの時代に生き残れないよ」と――。

先に述べたように、東大受験の狭き門をくぐってきた学生は、受験勉強は得意でも前頭葉バカになる可能性が極めて高いと考えられます。

受験にいたるまでに効率的に結果を出すことを磨き上げてきたからです。

そんな彼らに、カウンターパンチのように「常識に縛られてはいけないよ」「見誤るよ」と体感させているのでしょう。

苅谷先生のようなすばらしい慧眼《けいがん》を持った先生が、東大にもいたのです。

過去形なのは、残念ながら先生が2008年からオックスフォード大で教鞭をとっているからです。古い常識の引力に縛られた日本のアカデミアに嫌気がさしたのでしょう。日本の教育界において、大きな痛手でしかありません。

それでも、レポートに「文字数を5で割った数」を赤字で書かれた学生たちは、この経験を生涯忘れずにいることでしょう。

「レポートに数字が書かれていたからといって、評価や点数ではないかもしれない」

「自分の常識は、ここでは少数派かもしれない」

「スキーマや認知バイアスに惑わされていることはないか？」

思慮深く、小さな自分の認知の枠組みから飛び出して、高い視座でものごとをとらえるようになったに違いありません。

人の記憶は、単純に視覚だけで得た知識よりも、心を揺さぶるような情動を感じた経験を経た知識のほうが残りやすいからです。

実はここでも脳の前頭葉の働きが、大きく関係しています。

心が動けば、常識が変わる

人が何かを記憶するとき、たとえば視覚や聴覚を経てインプットされた言葉は、脳の中の海馬という部位にいったん保管されて、その後、大脳皮質に送られて保存されるという説が有力です。

ただ、それが強烈な経験をともなって、心、つまり感情を揺さぶられた場合。その記憶は感情を司る前頭葉を刺激した後に、海馬や大脳皮質に回ることになります。この前頭葉が関わることで、記憶は強烈になるとされています。

たとえば暑いさなか、苦労してのぼりついた山頂からの景色は、ヘリコプターで山頂に一気に飛んで行って見た景色より、美しく見え、心に残るものです。

スポーツでも、過酷な練習を繰り返して、技術を磨いて、試合に勝ったほうが、その喜びは格別で、また鮮烈な記憶としていつでも思い返せるでしょう。

あるいは、切ない別れ方をした恋人のほうが、あっさり自然消滅した相手よりもずっと心に残っているはずです。

「レポート用紙に赤いペンで数字を書かれたからといって、それを採点評価だと思うな」「人はスキーマに支配されている。常識を捨てないとこれからの時代を生き残れない」

そんなふうに言葉だけで伝えられるよりも、実際に返却されたレポート用紙の点数に一喜一憂したあとでネタばらしをして、「それは評価ではない」「スキーマって怖いだろ」「騙されるな」と心揺さぶられる体験をしたほうが、ずっと鮮明に記憶に残り、いつまでも思い出せる教訓として、今後の人生をランクアップさせることになったはずです。

少なくとも、何かに触れたとき、「当たり前だ」「そういうものだ」と思考停止せず、「本当だろうか」「何か別の意味があるのではないか」と、常識に縛られず、自分の頭で考え、判断できるようになったでしょう。

要は強烈な体験をすると、心が動かされる。心が動くことで意欲や感情を司る前頭葉が刺激されて、活性化させることができる。

それこそが、常識を捨てて、50歳からますます進む前頭葉バカへの道を食い止める、私が考える最善の方法なのです。

本章では、このシステムを利用してくだらない常識に縛られた考え方、過去の定型からはみ出せないカビの生えた思考法を捨てるための具体的な策をお伝えしていきます。

まずは「この国を飛び出す」ことから、です。

日本の常識が非常識と気づける体験

日本はここ数年ですっかり島国になりました。

「何を言っているんだ？　以前から島国ではないか」

批判する方もいるでしょうが、違います。

たとえば30年ほど前、それこそバブル経済の余波が残る１９９０年代は、この国の老若男女がしょっちゅう海外へ出ていました。日本経済にまだ強さがあったことを反映して、当時は勢いあまるほどの円高ドル安傾向があったからです。90年代半ばには、一時は１ドル＝79円にまでなるほどでした。

円の価値が高くなれば、海外のモノやサービスの値段が安くなります。

ここぞとばかりに誰もが家族旅行、留学、研修、出張で、韓国、中国、アメリカ、ヨーロッパなどに出かけたのです。

もちろん、リゾートでのんびりとした時間を過ごしたり、大学や大学院でレベルの高い学問を学んだり、海外の取引先とハードなビジネスミーティングをこなしたり、といったメインの目的はそれぞれあります。

ただ、それ以上に価値があるのは、それらの体験に付随して、「日本とは違う常識」を体感できることです。

たとえば、日本では食事のとき、ご飯茶碗を利き手と反対の手で持って食べるのがマナーです。しかし韓国で食事をすると、これが逆にマナー違反だと気づかされます。韓国では茶碗でも皿でも、テーブルに置いたまま食べるスタイルこそが常識だからです。

10年とちょっと前、中国の新幹線（高速鉄道）が脱線事故を起こしたときに、当局が事故車両をそのまま現地で埋めるという、前時代的な対応が大いに批判されました。

しかし、今や中国の高速鉄道は日本の新幹線に負けず劣らず揺れがなく、スピードも日本以上に速く安定走行をしています。ＥＶ（電気自動車）も日本よりもずっと進んだサービスが提供され、スマホをワンクリックしたら指定した場所にＥＶを充電するためのサービスカーが出張してくれるほどです。

「中国は日本より遅れている」なんて〝遅れた常識〟は、今の北京や上海に降り立って2分もすれば払拭されるはずです。

アメリカの学校でテストを返されると、最初は戸惑う人は多いはずです。日本では正解の場合「○」がつき、間違った場合は「×」、あるいは「✓」などがつけられます。

しかし、アメリカは不正解こそ「×」ですが、正解には「✓」がつけられるからです。

「え、これ合っているの？　間違っているの？」と日本の常識だと理解できないでしょう。

いや、先にあげた東大の苅谷先生の学生なら、大丈夫かもしれません。

いずれにしても、日本の常識が、一歩外に出たらいかに非常識か、いやがおうでも身にしみてわかるわけです。

もちろん、インターネットや新聞、テレビなどを通して、こうした事実を知っている人は多いでしょう。ただ、体感して情動を震わせることが前頭葉に響き、鮮烈に残る記憶になることはすでにお伝えしたとおりです。

普段つかっている常識から離れる体験、しかも五感を通したリアルな体験こそが、前頭葉を大いに活性化させる術になる。常識の枠を壊し、広げる力になるのです。

ところが、昨今の円安はこうした体験の機会を極めて減らしています。

コロナ禍があけ、訪日観光客が増えているにもかかわらず、旅行でも出張でも留学でも出国する人の数は停滞を続けています。

極端な円安によって、海外で日本以外の常識を体感できないこと。今の日本を、中高年が多いという人口動態的な問題だけではなく、前頭葉バカを製造しやすい環境にしているもう一つの要因と言えそうです。

だからこそ、外に出るのです。

円安で料金はかかるとはいえ、今は格安航空券などもあります。円安だからこそ、キャンペーンなどで安く海外に行く方法を提案している政府観光局や旅行会社も少なくない。

何よりも、日本を飛び出して、違う常識の渦に巻き込まれること。

そして、自分が持っている常識が、いかに島国の小さな世界の話か、あるいは世界がどんどん先に進んでいるかを実感することで、自らをアップデートするチャンスが、そこにあるのです。

「アメリカなら何度も行ったよ」「北京も上海も天津も行ったことがある」

そう言う方も当然多いでしょう。

けれど、それはよく考えるとスマホのない30年前だったり、EVが普及する前の10年前だったりしませんか？　日本が30年間停滞している間、他の国のほとんどはすさまじい勢いで成長、進化しています。その息吹をあなたは感じ取っていないのです。

島国から、ときには抜け出しましょう。

常にものごとを反対から見てみる習慣を

「間違っているのではないか？」

「違うとらえ方もあるのではないか？」

「そもそもいくつも答えがあるのでは？」

ものごとに対して、常にクリティカル（批判的）で多面的な目を向ける。

これも考え方の常識を捨てるのに、最もベーシックかつ有効な策となります。

もとより、ものごとは何でも「白か黒か」で分けられるほど単純ではありません。

先に、海を越えれば日本の常識は非常識になりえる、とお伝えしたように、場所が変われば違う常識がある。またその間には、濃淡の違うグラデーション上の常識が、星の数ほどあるのです。


しかし、前頭葉バカになるとその濃淡が見えなくなります。

白か黒か、イエスかノーか、右か左か、正義か悪かと、勝手に振り分け、自動思考が起こりやすくなります。

自動思考とは、感情状態に左右されて思いついた思考なのですが、それがあたかも事実のように疑えなくなってしまうのです。

たとえば、メールやＬＩＮＥの返信が遅いだけで、「嫌われているのだ」「自分のことが嫌いなのだ」「俺のことをなめているに違いない」と勝手に悲観的にとらえて、落ち込んでしまう。逆に返信が早いと「俺のことを好きに違いない」「俺を慕っているのだな」と恐ろしいほどポジティブにとらえて、これまた勝手に悦に入《い》る、といった具合です。

実のところ、たまたまＬＩＮＥを受け取ったときは大事な商談の途中だっただけかもしれません。あるいは、たまたまメールを受け取った瞬間にスマホを立ち上げていただけかもしれません。それなのに、一方的なこちらの思い込みで、極端な結論に触れて、勝手に気持ちを上下動させてしまう。それが自動思考です。

白か黒かと、ものごとをすぐに二分割してとらえたり、自動思考で、その先の相手の気持ちまで勝手にとらえて一喜一憂する。こうした考え方全般を認知療法の世界では「不適応思考」と呼びます。

ペンシルバニア大学の教授で、精神科医のアーロン・ベックによると、こうした不適応思考の傾向が強い人は、うつ病やパーソナリティ障害、摂食障害の人に多くみられるようです。

他人の意見を受け入れず、過去の知識や伝統に縛られて、柔軟性に欠ける前頭葉バカの思考・行動と重なるところがあります。また、この不適応思考は、強弱こそあれ、少なからず誰でも起こりうるのです。

50歳を過ぎて、前頭葉が凝り固まる前に、あるいはまだ引き返せるうちに、この思考を解きほぐしてやる必要があります。

実はとても簡単です。

それが先にあげた、疑ってかかる姿勢。

「必ずしも正しくないのではないか？」

「違うとらえ方もあるのではないか？」

「そもそもいくつも答えがあるのでは？」

といった具合です。

認知療法では、このように自分が良くない思考法に陥っていることを指摘される、あるいは自覚することが治療につながると考えられています。先天的な性格は変えられないが、ものごとの見方、とらえ方、考え方は変えられるからです。

まさに客観的になろうとして「自分は偏った考えに惑わされているのでは？」「別の考え方もあるのでは？」などと思考をとらえ直すことが、不適応思考の呪縛から逃れる最初のステップになるのです。

だから、人の話を聞くときも、ニュースをながめているときも、本を読んだり、先生や上司の話を聞いたりするときも、しっかり耳を傾けつつも、どこかで「間違っているのでは？」「違うとらえ方もあるのでは？」と心の奥底で考えるのです。

「コロナの第10波が始まっている」と言う識者がいたら「本当か？」「だからといって、もう大げさに騒ぐほどの怖さではないのではないか？」ととらえ直す。

逆に「コロナはもう大騒ぎする必要がない」という解説者がいたら「そんなことはない

のでは？」「静かに感染拡大している可能性だってある」と批判的にとらえてみるのです。

こうした複眼的なものの見方、考え方をすると、前頭葉はうんと活性化します。自分の頭で考える必要があるからです。それはそのまま前頭葉を鍛え直すことになる。

今、テレビでは、歳をとったニュース解説者やタレントのような人たちが、政治経済や社会のニュースをわかりやすく解説する番組が人気です。

中高生くらいまでのまだ知識のない人が、それらを参考に世の中の情勢に興味を持つのは大いに結構。しかし、日本では大学生やビジネスパーソンまでが「へえ〜っ！」「そうなのか！」「知らなかった！」と丸呑みして信じ切ってしまっています。

大人になれば日々の生活の中で、世の中は単純じゃないと知っているはずです。にもかかわらず、前頭葉を使わないままでいると、そのような単純明快な自動思考、不適応思考がすぐに発動してしまうのです。

誰かがわかりやすい解説をしてきて「これが定説」「常識です」「伝統だから」と言い始めたら、疑いの目を向けましょう。

「そうだったんだ！」ではなく「そうなのか？」と考える。

あるいは実際に声をあげて「違うでしょ?」「どうしてですか?」とツッコミを入れるのもいいでしょう。

批判的精神が、前頭葉バカにならないための最もシンプルなトレーニングとなるのです。

「時計の針」を戻して、進める

時計の針をズラすと、今の常識が非常識になる。

前頭葉バカへの道を食い止めたいならば、「時代によって常識が変わる」事実を意識したいものです。

私の父は、カネボウという会社に新卒で入りました。

紡績業から始まった歴史ある企業で、その後、化粧品や日用品、食品などでも有名でした。父は大学で優秀だったので、当時から「大企業」として名を馳せたカネボウを選んだそうです。同期の中でも、あまり成績が良くなかった人たちは、松下電器や三洋電機(いずれも現パナソニック)などの家電メーカーに入ったそうです。まだまだ戦後を引きずっていた頃、それら家電メーカーには大卒の人間はほとんど入らなかったのです。

「和田は安泰だな」と、当時は彼らからうらやましがられたようです。

しかし、その後、日本の家電メーカーが世界で名を馳せるのはご存知のとおり。「入りやすいから」と家電メーカーに入社した父の友人たちは、「貴重な大卒社員だから」と、どんどん出世していったそうです。

いっぽう、父が入ったカネボウは圧倒的な慶應閥。また大卒を数多く採っていましたから、そこで出世するのは極めて厳しい道でした。実際、父はまったく出世できませんでした。

しかもカネボウそのものの業績が悪くなっていき、最終的には父の退職後でしたが、2005年に債務超過を隠すための粉飾決算が発覚。会社は潰れて、父がもらっていた企業年金も大幅に減らされてしまったのです。

ちなみに、父は在職中、デサントに転職を誘われたそうです。しかし、カネボウのほうがネームバリューが上だから断ったそうです。

栄枯盛衰。

私は子供ながらに父のそれを目の当たりにしていました。

そして、母が私に口酸っぱく言い聞かせました。

「父親みたいになったらあかん。ちゃんと勉強して医者の免状でもとれ」と。

子育てとして、それが正しいかどうかは別として、良き反面教師になったのは確かです。

父の選択がどうのというよりも、「良い状況というのは時代によって変わるのだ」と痛いくらいに学べたからです。

企業、あるいは産業のライフサイクルはだいたい30年といわれます。

導入期、成長期、成熟期、衰退期といった具合に4段階ある成長の波が、だいたい30年でひと回りして、下降線の衰退期に入っていくとされるからです。

またグローバル化やIT化が加速度的に進んだ今では、そのサイクルはもっと短くなっているかもしれません。

私は若い人にはいつも「今、すばらしい業績をあげている会社や、盛り上がっている業界に入ると損するかもよ」と言っています。それは高値の状態で株を買うのと同じ。今が絶頂であれば、あとは下がるしかないのです。見るべきは「今」ではなく「10年後」「20

年後」。過去の常識が今の非常識であるように、未来の常識は今の非常識である場合が多いからです。

働き先のみならず、物事を考えるときは、あたかもタイムリープするように、「過去はどうだったのか？」「未来はどうなるのか？」と時間軸をずらすことが肝要です。

先に、すでにアメリカでは血圧が１６０㎜Hgを超えても健康上問題ないとのエビデンスが出ているのに、日本では古いものさしのまま、「１３５㎜Hgを超えたら投薬すべし」と判断しているとお伝えしました。

あらゆる領域で時代によって常識が変わることが、本当に多いからです。

かつて「マーガリンは体にいい」といわれました。動物性のバターと違って、植物性であるため、なんとなく体に優しいイメージがあったからです。

ところが、90年代初め頃になると、次第に「いや、マーガリンは体に悪い」と吹聴されるようになりました。加工の際に、トランス脂肪酸という体に害を与える成分を使っていることが問題にされたのです。

しかし、今はまた新しい情報が流布して「マーガリンは体に悪くない」といわれています。とくに日本のメーカーは、マーガリンにトランス脂肪酸などを使わずとも硬さを調整できる技術を開発し、もはやほとんど含有していないからです。もとより、健康被害を及ぼすほどのトランス脂肪酸も含んではいなかったこともわかってきました。

話がずれるようですが、外交問題も同様です。

たとえば、ロシアに引っ張られるように、中国も武力行使して海外に攻め込むようなリスクが高いのではないかと考える識者もいるようです。「中国は歴史的に見ても侵略を好む」との見解があるようです。

歴史認識がステレオタイプすぎではないか、と思います。

中国という国が侵略戦争をしたのは、蒙古民族や満州民族が支配しているときだけです。とくに蒙古民族はヨーロッパや日本にまで攻め込んだので、強烈なイメージがあるのかもしれません。しかし、それ以外のほとんどの時代を支配している漢民族の時代には、国外まで攻め入って戦略戦争をしかけるようなことをほとんどしていないのです。

時代の一瞬を切りとって、それを絶対の真理としてとらえるような愚考は、世界情勢を見誤るということです。

今、この瞬間に広がっている事実、報道、データをそのまま丸呑みして信じ込むのはやめましょう。過去はどうだったのか？ これからどうなるのか？ 何がまだ見えていないのか？ レンジの広い時間軸で、ものごとをとらえるのです。

それはとてもワクワクする思考の体験にもなる。

思考自体が、すでに前頭葉を刺激し、活性化させるトレーニングにもなる。

そして、あなたの未来の選択を正しく指し示す方向舵《ほうこうだ》にもなるのです。

「角度」を変えるだけで、ものの見え方が一変する

2023年8月、それまでツイッターの名と青字に白抜きの鳥のロゴマークで知られていたSNSが、「X」に改称しました。

買収したイーロン・マスクの剛腕な経営手法への反発と、慣れしたしんだロゴやサービスイメージを残念がる声がX（旧ツイッター）上にはあふれました。

なかでもユニークだったのが、Xのロゴの角度を変えると、青い鳥が現れるというファンアートの投稿でした。確かに「X」のロゴなのに、それはあくまで上から見た形でしかない。見る角度を変えて、横向きにすると、これまでどおりの青い鳥の形が見えるように創作した投稿です。

あくまでジョークでしかないのですが、示唆に富むアイデアだと膝を打ちました。ものごとは、角度を変えれば、まったく別の表情を見せる。

角度を変えて、あらゆる方向からものごとを見ることは、一つの常識に縛られずに済む思考法になると教えられた気がしたからです。

変化の激しい時代、先が読めない世の中を生きていく中で、こうしたしなやかさとしたたかさが大切なのだと思います。ものの見方を一方向に特定せず、いつも「角度を変えて見る」。片側から見た常識ではなく、別の角度から見た常識があるのではないか。そう考えてものを見ると、実は激しい変化も複雑な事実も、ただただ興味深くなじんでくるはずです。

私の専門領域の一つである精神医学・精神分析の世界でも、常に角度を変えてものごとをとらえ直す意義を、先人たちが伝え続けています。

その代表が自己心理学を提唱した精神科医のハインツ・コフートでしょう。

コフートが最も特徴的なのは「人に依存するのは当たり前だ」と言い切ったことです。元来、精神分析の世界では、強く他者に依存している人に心の自立をうながしていくのが正しいとされていました。

たとえば、フロイトやユングなどは過去の経験から培った無意識がそうした依存心の根っこにあると分析しました。なので、この無意識を解きほぐし、依存心の強い患者ならば、何かに依存せずとも生きられるようにするのが「常識」だったのです。

コフートはこれを否定しました。

何かに依存しているのが人間のスタンダードなのです。むしろ、人に頼らなくてもいい人間を無理やり作るのは不自然。上手に他の誰かや何かに依存して、自分のパフォーマンスを下げずに周囲と折り合いをつけながら生きていくほうが幸せである、と考えて、治療を施したのです。

たとえば、ウディ・アレンという名映画監督で名俳優をご存知でしょうか？ アカデミー賞に24回ノミネートされ（これは史上最多です）、監督賞や脚本賞なども受賞した天才です。

一方で、彼は20代の頃から精神分析治療を受け続けています。伝統的な精神分析の「常識」から言えば、アレンに対する治療は失敗と言えるでしょう。それまで精神分析治療は3～5年をかけて自分の心を精神的自立にまで持って行き、治療の必要がない状態にするのが目標だったからです。もう数十年以上も、精神分析を続けているアレンはダメな患者で、医師はダメ精神科医ということになります。

ところが、コフートの角度から見ると、違う景色が見えてきます。

コフートが提唱した自己心理学の大前提は、先述のとおり「依存するのが当たり前」です。むしろ、無理に自立などせず、何かに頼りながら、精神的な問題を何も起こさず、社会的な生活を営むことのほうがすばらしい人生だと解釈しています。つまり、精神科医に依存することで安定を継続させ、しかも、すばらしい作品を作り続け、いくつもの受賞までしている。コフートの角度で見ると、アレンはすばらしい治療結果を見せる優良患者で、精神科医とのすばらしいパートナーシップを維持していると判断できるのです。

角度が違えば分析が変わるのは、みなさんご存知のアドラー心理学も同様です。

それまでの精神分析では、素行の悪い不良少年がいると「幼い頃に親に虐待されたなどの経験があるからだ」といった乳幼児決定論がまかり通っていました。

しかし、アドラーはそうした不良少年たちは目立ちたいから、注目してほしいから素行が悪いだけだと一刀両断しました。「過去の経験のせいだ。仕方ないね」ではなく、自分の意識を変えれば、不良少年はいつだって更生できると説いたのです。

ちなみに、コフートもアドラーも、無意識なるものをインチキだと否定しています。


日本にもすばらしい〝角度〟の精神分析療法を説いた人物がいます。

森田正馬《まさたけ》です。１８７４（明治７）年に高知で生まれた精神科医で、森田療法と呼ばれる治療法を１９１９年に確立しました。

森田の考えをひとことで言えば、変えられない過去をとやかく言うのではなく、変えられる「今」を変えよう、です。

たとえば、顔が赤くなることを過度に嫌がる赤面恐怖症の患者さんがいたとします。「顔が赤くなるから人前に出られない」「赤い顔ではみんなに嫌われてしまう」などと思い込むのが特徴です。

「顔が赤くなるのを何とかしてください」と患者さんが来たとき、森田療法では、まず、「あなたはなぜ顔が赤くなるのが嫌なの？」と問いかけます。

「こんな赤い顔になったら、みんなに嫌われる」と患者は答える。

すると「嫌われたくないということは、あなたは人から好かれたいのですね？」とまた問いかける。そして、続けてこう言うのです。

「私は30年も精神科医をやっているけれど、顔が赤くなっても好かれている人は何人も知っていますよ」

「そんなの例外です」と患者が反論しても、

「そうかもしれないけれど、もっとたくさん知っているのは、顔が赤くなくても嫌われている人です」

そしてさらにこう言います。

「あなたは顔が赤くなるのを治せば好かれると思っているけれど、違う」

「顔が赤かろうが、青かろうが、好かれる努力をしない限りは好かれませんよ」

「あなたの顔が赤くなるのは治せない。けれど、あなたが人から好かれるために、話術を磨くとか、普段からニコニコするとか、極力元気にあいさつをするとか、あなたが他人から好かれる方法であれば一緒に考えられますよ」


森田の眼差しは、変えられない過去や事柄に向けず、誰しも変えられる今と未来に向けられているのです。ものごとは角度を変えれば、まったく違うものになるし、できることはたくさんある。そう教えてくれているかのようです。


ものごとを考えるときは、角度を変えて見直してみるクセをつけましょう。

「これしかない」「当たり前だ」「もう無理だ」

そんなふうにしか見られなかった課題や悩みの突破口が、かすかでも必ず見えてくるはずです。


ものごとは、一つの見方で答えが決まるほど単純なものばかりではありません。戦争を例に見てもわかりますが、正義の対《つい》になるのは悪ではなく、別の正義です。片側から見た正解が、絶対的な真理ではない。Xは青い鳥かもしれないのです。

あなたがすべきは「挑戦」ではなく「実験」

日本を飛び出して、海外の常識と自分の常識を照らし合わせてみる。

どんな正論と対峙《たいじ》しても「間違っているのではないか」と批判的精神を忘れずにいる。

常識とぶつかったとき、「時計の針」を動かして、「10年前はどうだったか」「10年後はどうなるか」を予測して、考える。

片方からものを見ずに、「相手から見たらどうなのか」「少し斜めに見てみたら？」と、ものの見方の「角度」を変えて、最適解を探し出す。

こうした考え方を日々実践することが、思考を凝り固める「常識」からあなたを脱させることになる。脳の前頭葉を活性化させ、意欲や感情を若々しく奮い立たせるエンジンになる。50歳くらいから顕著になる前頭葉バカを防ぐ最善の方法になります。

「定年まで会社を勤め上げるべき」「家族とは同じ屋根の下で仲良く暮らすのが当たり前」といった「常識」も疑ってみる必要があるでしょう。

もっとも、これまでとは違う考え方、思考法を実践するのは、多少なりとも「挑戦」になるでしょう。

挑戦は、容易なことではありません。なぜか？

3章で述べたように、人は認知バイアスやスキーマといった、思い込みに縛られて生きています。私たち日本人はことさら、不安遺伝子を多く保持し、損失をことさら怖がる。

現状維持こそ、高い生存確率であると判断し、今いる場所から飛び出す「挑戦」を避ける傾向が強いからです。だから、挑戦と思わないでおきましょう。

あなたがすべきは「実験」です。

実験には失敗がつきものです。わずか数％でも成功の確率があるならば、やったほうがいい。成功したらラッキー。同じことをやるにしても、最初から「実験だ」と考えると、少し気がラクになります。

だから、「自分は日々、実験をしているのだ」と考えて、「本当かな？」「海外ではどうかな？」「角度を変えたらどうなるかな？」と思考実験を繰り返すのです。

ただし、気をつけたいのは、日本で実験と言うと、小中学校の理科の実験をイメージする人がいることです。

「ビーカーに水50cc入れ、そこにAの水溶液を10cc入れて……」と先生や教科書に言われたまま、言われた行動をただおこなって、観察する。

それは実験と言いません。

レシピどおり作る料理教室のメニューです。

本来は仮説を立て、それを実践して、失敗したら、「どこがおかしかったのか」と違うやり方を試してみる。そして失敗を繰り返した結果、成功にたどり着くのです。だから失敗は実験につきものなのです。

さっそく今日から試してみましょう。

大丈夫、必ずうまくいきます。

「うまくいく？　本当かな？」

そう思えたなら、大正解。あなたの実験はもう始まっています。

5章 いらない「人間関係」を今、捨てる勇気

今、あなたが抱えている悩みの根本原因は

「すべての悩みは対人関係の悩みである」

そう論じたのはオーストリア出身の精神科医アルフレッド・アドラーです。

どういうことか、わかりますか？

この世界の中で、あなた一人しか存在していなかったら、劣等感や悲壮感や孤独感を味わうことなどない、ということです。

たとえば、あなたが容姿に悩んでいるとしたら、それは他の誰かと比べて、著しく太っ

ていたり、背が低かったりするからです。自分しか存在しないのであれば、相対的に自分を評価して悔しい思いをすることなどありません。

「ネガティブ思考」であることや「誰とでも気軽に明るく接することができない」などに劣等感を抱いているとしても同様です。自分よりも友達が多い誰かや、部下や後輩から好かれている誰かがいるから自分を蔑《さげす》んでしまうのです。

要するに、別の誰かが存在するから、私たちは相対的に自分を彼らと比べて、優劣をつけてしまう。

比べた結果、自分が劣っていたとき、ことさら自らを卑下して悩み、傷つくわけです。

もう一歩踏み込むならば、「人間関係の悩みは、ほとんどが〝決めつけ〟でしかない」とも言えます。

「Aさんと比べて自分は劣っている」

「Bさんがあんな態度をとったのは、きっと自分が嫌いだからに違いない」

そんなふうに他者と比べたり、他者の態度を過剰に意識して落ち込んだりしているのは、あなたが勝手にそう決めつけているからでしかないのです。

先にあげた精神科医ベックが指摘した、白か黒かをすぐに分割して、勝手に判断して、相手の気持ちまで自ら決めつけてしまう自動思考、つまり「不適応思考」が根底にあるのです。

この不適応思考が、前頭葉バカになるとなおさら進行しがちになるのも、すでにお伝えしたとおりです。ただし、自分の思考に原因があるのだから、あなたが変われば対人関係で悩むことも基本的になくなるのもまた事実。

本章では、そうした事実を踏まえて、自分を縛る人間関係をどう変えていったらいいのか、人との接し方の「常識」をどう捨てたらいいのかをお伝えしていきましょう。

50歳からは「不真面目」を心がける

前頭葉バカにならずに、ムダに気を病んだりせずに、50代以降の日々を過ごしたいならば、まず「不真面目」になることを強くおすすめします。

ブラック企業といわれる、従業員に対して上司や先輩による長時間労働やパワハラが横行する組織があります。

実は真面目な人ほど、このブラック企業の上司や先輩になる傾向が強いのをご存知でしょうか？

真面目な人は、自分が信じている対象に誠実です。宗教でも、常識でも、企業理念でも、その対象が何であれ、「私が信じているものは絶対だ！」と思ってしまう。

だからこそ、その信じる何かに従わない相手を、「不届き者だ」「異常者だ」と蔑み、拒絶し、修正しようとするのです。「なぜ、その程度の成績なんだ！」と自分が思うより成績が悪い部下を叱責し、重いノルマを負わせるのも真面目ゆえ。「がんばり方が足りないんだ！」と長時間労働を強いるのも、信心深いためなのです。

1970年代のカンボジアに、まさにこれと似た構造がありました。

当時のカンボジアを支配していたのは共産主義で独裁者だったポル・ポト政権。国の人口の4分の1に当たる170万～180万人もの人を虐殺してしまいます。

虐殺の裏には真面目な国民性があったといわれています。行きすぎた共産主義を崇拝し、社会の浄化を生真面目に成し遂げようとした結果、凄惨な悲劇につながったとも考えられています。

ブラック上司は自分をブラックだと思っていなくて、真面目に会社のために尽くし、結果にこだわっている人間だと考えています。自分の信じている働き方、会社のやり方を最高だと思っている。それが「常識」だと思っている。信心深く信仰を貫いているだけなのです。

真面目はもうやめにしましょう。

50歳を超えたならなお、不真面目になるのです。

仕事はこうあるべき、このように仕事すべき。

まずはそんな「べき」思考を捨てるのです。

真面目な人は、なんでもすぐに「べき」を作り、それにそぐわない相手を許せなくなりがちです。

許さないより、緩くいきましょう。

結局、自分は変えられても、他人は変えられないのです。変えられないことに時間や労力を使うほど、ムダなことはありません。

自分の考えにそぐわない人がいたら、「許せない」とキレるのではなく、「そういう人もいるよね」と受け流しましょう。

そもそも、ブラック企業たりえるような会社に属しているならば、信じ込む前に「ちょっとおかしいかもね」「他とは違いすぎるよね」と感じ取り、さっさと離れます。

いくらでも、他の道があります。もとより、いい歳をして、会社組織なんていう小さな枠の中だけで物事を考えるのはバカげていることを自覚しましょう。

つき合う相手はコレで選ぶ

では、どのような相手と人間関係を築けばいいのでしょうか?

今いる会社の上司や同僚、部下や後輩、腐れ縁の友人、近所の顔見知り。いろんなつながりがあると思いますが、ある程度の年齢になったら、「仕事ができる」「つき合いが長いから」といった基準だけでつき合うのはやめるべきでしょう。

最も大切にしたい基準は「その人といて心地良いか否か」です。

ストレスを感じる相手ならば、たとえそれが同僚や同級生でも、場合によっては家族であっても遠ざけたほうがいい。

たとえば40代前半くらいまでなら、とにかく出世したい、世に名前を残したい、そんなモチベーションで何事も突っ走り、人づき合いも、自己実現におけるメリットにつながりそうな相手と嫌々ながらもつながっていたかもしれません。

でも、50代になったら、もうやめにしていいのです。

人生100年時代になりましたが、時間が有限であることには変わりません。

ただでさえ前頭葉が萎縮して、考え方が頑固になり、「べき」に厳しくなっていきそうなときに、ストレッサー（ストレス要因）の近くに身を置く必要はまったくない。

人生のムダです。

人づき合いも、選択と集中を意識したいもの。

ただし、だからと言って「イエスマン」や「同調できる人間」だけとつき合えという話ではありません。それでは本当に刺激がなくなる。自分とは違う考えを持つ、発展的なアイデアをくれる、そんな相手とは積極的につき合ったほうが、前頭葉バカも防げ、いつまでも若々しい自分でいられます。

言い方を換えると、自分と考え方や信念が違うし、主張もし合う。けれども、互いの意見を尊重して、議論し合える。そんな発展的な心地良さを持った人間関係を、仕事でもプライベートでも持てるのが最高ではないでしょうか。

最近、「心理的安全性」という言葉が浸透してきました。

企業などの組織で、自分の考えや気持ちを自由に安心して言える状態のことを指します。そんな心理的安全性があると、組織は活発な意見が飛び交い、優れたアイデアが出やすく、モチベーションも高まるので、成果をあげやすくなります。

まさにそんな関係性を築くことが大事です。

なあなあで、ただの仲良しグループのことを心理的安全性が高いとは言いません。

上に立つ人間の言うことなすことに唯々諾々《いいだくだく》と従わなければならない恐怖政治とも違い

ます。

所属する誰もが自分たちの好きな意見を気持ちよく言い合えて切磋琢磨できる。

そんな関係性にこそ、心理的安全性は宿り、真に心地良い場所と言えるのだと思います。

賢く人に依存できるのが大人の知恵

人に甘えるのが苦手な人が多いのも、私が人づき合いで不真面目を推す理由の一つです。

そもそも「甘え」と聞くと、「未熟」「弱い」「ズルい」「気合いが足りない」などと、とかくネガティブなイメージを思い浮かべる人が多いのではないでしょうか。

恥の文化を持つ日本人は、とにかく「人に迷惑をかけるな」「自分のことは自分で」とやたらと、他人に頼ることをよしとしない傾向が強い。結果として、甘えるのが苦手な人がとても多いのです。

だから、老若男女が「自己責任」という言葉をやたらと使いたがり、生活保護受給者に対して「甘えだ！」といった誹謗中傷が聞こえてくる。

しかし、人が一人で責任をとれることには限界があります。

何かに行き詰まったり、悩みを抱えていたり、どうしようもない状況になったら、誰かを頼り、救いを求めるのはごくごく普通のことです。

むしろ、「自己責任だから……」と問題を抱えているのに、一人でそれを抱え込みすぎて、メンタル不調になり、働くこともできず、医者にかかるほうが、社会的コストは高くなります。

重い荷物は、一人ではなく、何人かで持てば、うんと軽くなるのです。

すでにお伝えした自己心理学を提唱したコフートの理論、「人に依存するのが当たり前」を思い出しましょう。他人に頼って、自分のメンタルを整えられるのなら、頼るのが正解で、賢く依存するのが大人の知恵です。

むしろ、誰にも頼らず、重い荷物を一人で無理して持とうとすることこそ、幼稚な態度と言えます。

甘えられる友人、家族、仲間を見つけましょう。

そして、あなたも誰かの甘えを許し、荷物を少し持ってあげる人間になりましょう。

あえて会社以外の場所に飛び込んでみる

40代までは「人脈」というと仕事につながる相手、とくに社内で自分の出世を後押ししてくれたり、成果につながりそうな能力のある同僚とつながったりすることを指したと思います。

50歳を境に、そうした近視眼的な人脈作りに奔走するのはやめたほうがいいでしょう。とくにもう出世コースのゴールが見えて、一つでも上のポストを目指す競争から降りた人なら、なおさらです。

定年後を視野に入れた、人脈を考えたほうが得策だからです。再雇用やセカンドキャリアの可能性も考えたら、むしろ社外の人脈を大切にしたほうがいい。

一般的に、取引先にキビしい人のほうが、社内ではいい社員となるでしょう。こちらの思いどおりに値切ったり、納期を早めたりできる人のほうが、会社の利益につながりやすいからです。

しかし、そんなキビしい相手を、定年後、その取引先企業が受け入れたいと思うことは少ないでしょう。出世競争から降りたならば、今から態度を変えたほうがいい。

むしろ「A社さんには、個人的に本当にお世話になっている」「だから、今回はうちのほうが負けますわ」などといい関係を築く努力をするのです。

セカンドキャリアとして、A社から声がかかる可能性はあがるし、もちろん今より良い仕事を回してくれるようになるかもしれません。

また、出世コースからはずれていない人であっても、社外にこそ人脈を作るべきだと思います。

セカンドキャリアのためではなく、社外の人脈が増えることは、あなたの視座を高くしてくれるからです。

長く同じ会社にいると、思考も価値観も固定化されます。良くも悪くも会社の価値観が自分の価値観と重なりすぎてしまうのです。一歩、社外に出れば、それがまったく自社でしか通用しないこともままあります。

しかし、社外の人間とつき合うと、客観的に自分と会社を見つめ直せます。

「もしかして自分のこの視点は、うちの会社だけのものかも」

「そう考えるのは、うちの業界だけかもしれないな」

そんなふうに客観視できて、考えるときの視座があがってくるのです。


今、出世コースを順調に進んでいる人も、いつかは会社を離れて、個人になります。

社内だけにどっぷりとハマって生きてきた人は、いざ、外に出たときに非常識な社会人となってしまうことがありうる。今から一個人として生きられるよう、社内以外の仲間と自分の居場所を作っておくのが得策です。

たとえば、私は会社などに属する組織人ではありませんが、専門領域である医療関係者やマスコミの人間などに人脈が偏っていたきらいがありました。

そんなとき、「エンジン01文化戦略会議」という横断的な表現者・思考者の集まりに誘われ、林真理子さんや落合陽一さん、料理評論家の山本益博さんやマネックスを起ち上げた松本大《おおき》さんといった多彩なバックボーンを持つ方々と親しくさせていただくことができました。

プライベートでもいろんな話を伺うことで、私自身のものの見方も柔軟になったり、広がったりして、大いに刺激になっています。

趣味でも、地域活動でも、ボランティアでもなんでもいい。とにかく会社以外の場所に飛び込んで、新たな人脈、友人を作ってみることをおすすめします。

「もうアラフィフだから……」

「もう少し若かったら……」

などと日和《ひよ》っているのは、常識に縛られている証拠ですよ。

人と仲良くなりたいなら、アノ話はやめよう

歳をとって醜いとされることの一つに「自慢話が多くなる」があります。

とくに日本人は過去に生きているのか、と感じるほど、過去の自慢話が大好きです。

学歴自慢はまさにそれ。

「東大では……」

「灘高のやつらって……」

「大学院まで行ったので……」

学歴をひそかに自慢に思っているのか、関係ない雑談の端々《はしばし》にもさりげなく、出身校を入れ込んでくる方が数多くいます。

お酒が入ると「昔は女性にモテた」「男性からしょっちゅう声をかけられた」と過去にモテた自慢をされる方も本当に多い。

あるいは「以前は大手商社にいた」「どこそこまでの役職を経験した」とすでに定年しているのに、過去のトロフィーを見せびらかすシニアの方も実によく見かけます。

こうした過去の自慢話は、聞かされるほうは苦痛でしかありません。

何かしら教訓めいた話があるならまだしも、たいていは、教訓や何かを教えるふりをして「自分はすごいやつだった」と自慢することが目的であるからです。

もとより、今のように世の中が成熟し、複雑化した中で、過去のノウハウがそのまま活きることは少ない。

そうした自慢話をする相手と「仲良くなりたい」とは思われないでしょう。

50歳を過ぎて、新しい人間関係を築きたいと考えたなら、とくに自慢話には気をつけなければなりません。

過去の自慢話は、しているほうからすると実に気持ちのいい行為なので、脳内に多幸感を感じさせるドーパミンが分泌されます。

自慢話をしているほうは、美味しいお酒に酔っているかのような気持ち良さを感じて話している。しかし、聞かされているほうは美味しくない酒に無理やりつき合わされているような地獄を感じている可能性が高いのです。

過去の話をしたいならば、「失敗談」を選びましょう。

人は他人の幸福な話よりも、不幸な話のほうに興味を抱きます。

著名人の幸せな恋愛や結婚はあまりニュースになりませんが、不倫や離婚の話は大きなニュースとなってSNSでも拡散されます。

工学博士である畑村洋太郎さんが提唱した「失敗学」をご存知でしょうか?

事故や企業不祥事など、世の中に起きた「失敗」を隠蔽するのでも、罪を追及するのでもなく、客観的に検証して一般化し、教訓として同じ失敗を繰り返さず、失敗から学ぶノウハウとしていく学問のことです。

畑村先生が失敗学を思いついたのは、大学の授業で、当たり前のように建築工学の基礎の話をしても、学生たちが興味を持たないことがヒントになりました。

そこで、学生たちに世界三大失敗といわれる「タコマ橋の崩壊」「コメット飛行機の墜落」「リバティー船の沈没」といった失敗談を映像とともにまず見せました。すると、そのダイナミックな失敗に興味を引き寄せられた学生たちは、その後の座学でも圧倒的に好奇心旺盛に聞き入ったそうです。

成功よりも失敗にこそ人を魅きつける力がある。そして、失敗をノウハウとして積極的に活かす術を模索し、体系化していったのです。

要するに、自慢話よりも失敗談。たとえば、何か教訓を伝えたいと思っているなら、失敗を交えて反面教師となりえるような体験談を話したほうがいい。

おもしろおかしく、自分の失敗を伝えたほうが、より興味を持ってもらえるのです。

歳をとっても若々しい人ほど「質問上手」

「自慢話をするなと言われると何を話せばいいかわからない。失敗談もうまく話せるかどうか……」

「そもそも、この年になって新しい友人や人脈を作るために会話するのが億劫だ」

そう躊躇する方もいるかもしれません。

では、そんなシャイなあなたの特効薬になり、また、年齢を重ねたからこそ、初対面の人とのコミュニケーションでぜひ意識してほしいことが一つあります。

「無邪気に質問する」ことです。

歳をとると口数が少なくなる人は多いものです。

若い頃よりも、蓄積した知識はあるのですが、脳のインデックス（検索）機能が衰えるため、今すぐ口にしたい言葉を思い出せなくなり、会話の瞬発力がなくなることが理由の一つ。とくに相手が若者であったりすると、自分の知らない話題についていくのが大変になることもあるでしょう。

しかし、コミュニケーションをとるときに、無理にこちらから話す必要はありません。話す言葉が見つからなかったり、知らない話題があったりしたときは「わからないので、教えてもらえますか？」と無邪気に質問するのです。


私は医師として、高齢者を中心に多くの患者を診てきました。

また、ある程度年齢のいった経営者や文化人の方々とも多くつき合っています。

こうしたシニアの中でも、歳を重ねてもはつらつとして若々しい人の特徴は、とにかく質問好きなことなのです。

質問は興味、関心がなければ浮かびません。好奇心がなければ、興味、関心も湧き立たない。つまり、多く質問をする人というのは、興味、関心を司る前頭葉が活性化している証拠でもある。だから、年齢よりもずっと若々しく見え、また質問を重ねることで、さらに前頭葉を活性化させているのです。

経営の神様といわれた、パナソニックの創業者、松下幸之助さんもとにかく周りの人に質問したそうです。「あれはどうなってるんや？」「最近話題のあの人は、どんな人や？」「新しく出たあの商品は、何がええんや？」といった具合です。相手が自分の孫ほどの年齢でも屈託なく、とにかく聞いて回った。また、自分より年上、しかもかの経営の神様に質問されて、それに答えるのは若い人たちにとっても刺激的で、うれしかったに違いありません。

そう、自分が知っていること、詳しいことを聞かれて、答えるのはとてもうれしいものなのです。

だから、歳をとった人こそ、若者にどんどん質問したほうがいい。「知らないと思われるのが恥ずかしい」「無知だと思われるとバカにされそうだ」。そうしたくだらないプライドは、くだらない「常識」と一緒に捨ててしまってください。

まったく逆です。

知ったかぶりをして、何も聞かず、自慢話だけして自分に酔っている老人ほど醜悪なものはありません。

むしろ、知っていることも知らないふりをして質問するくらいが、ちょうどいいのです。

6章 先送りをやめた先にある超・充実人生

私がこうして生き残ってきた理由

27歳で書いた『受験は要領』（ゴマブックス）を上梓してから、37年が経ちました。これまでの常識とは異なる独自の受験勉強法の提案は、当初、賛否両論を生みました。しかし、その後シリーズ化され、数多くの受験勉強に関する本を世に出してきました。

精神科医として、これまでの精神科医や心理学者とは異なる視点のコンテンツを多く出し、頭の固い医療業界の諸先輩方からは大いに嫌われながらも、今も多くの読者の方に支えていただき、新刊を出し続けさせていただいています。

今年で64歳になる私が、37年にわたってそれなりに生き残れている理由は、ひとえに「常識に逆らい続けてきたから」だと自負しています。

「本当にそうなのか？」
「権威と言われる人が言っている説を、一方的に信じ込んでしまっていないか？」
「昔からそんな言葉があったのか？　ここ数十年の話では？」
「それは正論だが、逆の立場なら違う考え方もあるのでは？」

ニュースを見るときも、ウェブを眺めているときも、本を読みながらでも、誰かと対談をしているときも——。私はいつでも、通り一遍の常識に縛られずに、他人の意見を鵜呑みにせずに、クリティカルな視点で反論を考えようとして生きてきました。

それがそのまま主張となり、本に書いたりもしましたが、実はこの常識を捨てて批判的に考え続けることそのものが、私の前頭葉を活性化させ、いつまでも子供のように好奇心を持ち続けられる訓練になっていたのだと確信しています。

何ごとも日々のトレーニングと行動、そして習慣づけが、人を変えるのです。

ここまで「50代を過ぎたら、誰かのために貴重な時間と体力を使わず、自分のために生きることを始める」、また、そのためには「目の前の〝常識〟を捨てることが重要だ」と説いてきました。

最後の本章では、より実践的に、あなたを縛る「常識」を捨て、50代、60代、そしてそれ以降の人生をも、より充実させるための術をお伝えしていきます。

すべて真似せずとも、自分が始められそうなところから試してみてください。

「時間がない」を捨てる

50代になって最も大切なものは、時間です。

時計の針は元に戻りません。

限られた残り30年ほどの時間をいかに充実させ、悔いのないように生きるかが、50代からの幸福度を左右します。

その意味で「時間がない」といった現代人がつぶやきがちな言葉を捨て去りましょう。むしろ「時間を作る」のです。

まずは徹底して定時での退社を実行しましょう。

有給休暇も確実にとることを意識します。

50代になれば、もうベテランの域でしょう。しかも出世競争の結果も見えた今や、必要以上に成果を出す必要はありません。上司や部下のご機嫌をとる必要もない。

残業せざるをえないような大変な仕事は、部下や後輩に渡しましょう。彼らはまだまだがんばって出世レースを生き延びなければならない世代です。ロートルが中途半端に手を出すよりも最初から譲ったほうが、彼らの経験値を高め、ためになります。

彼らの出世を邪魔せず、あなたは最低限のタスクを効率的に終わらせて、さっさと退社するのが正解です。

お金に多少の余裕があるならば「時間を買う」意識も持ちましょう。

移動の際、電車やバスでは時間がかかる、待ち時間のロスがある、といった場合は、躊躊なくタクシーを利用しましょう。時間をお金で買うのです。

掃除ロボットや食洗機といった多少高くても効率化を図れる家電も積極的に活用していきましょう。家事や掃除の代行サービスもおすすめです。

大切なのは、人生＞仕事、そして時間＞お金という優先順位をつけることです。

現役時代は子供の養育費や住宅ローンの返済に追われていた方は多いはずです。

だから働いて稼ぐことと、なるべく節約することこそがファーストチョイスになりがちでした。

しかし、50代になって子育てや住宅ローンの呪縛が解かれたり、少しラクになったりした今は、その意識を捨て去るべきです。

繰り返しになりますが、歳をとるほど時間こそが最も貴重です。お金の浪費は、その後取り返すことが可能ですが、過ぎた時間は取り返せません。

節約すべきはお金ではありません。時間なのです。

50代のうちに、やりたかったことに挑戦しておく

人生最期の日、あなたはどんな思いを持って旅立ちたいでしょうか？

「あそこに行ってみたかった」「これをすればよかった」「あれを食べておきたかった」そう思って、死ぬのは嫌ですよね。

50代なら十分に取り返せます。

まだ体力があるうちに、好奇心が衰える前に、ずっとやってみたかったこと、少しでも気になっていたことに迷わず挑戦しましょう。

「乗り鉄」「撮り鉄」など鉄道オタクで、子供の頃からずっと全国の鉄道を巡るのが夢だったならば、今すぐに動き出すべきです。

60歳になってから……などと考えていると、あなた自身がくたびれているかもしれないし、経営危機が多い地方の鉄道などは廃線になることだって考えられます。

「またみんなでボールを蹴りたい」

「高校の頃とは違って、笑顔で野球を楽しみたい」

昔、やっていたスポーツを、もう一度始めるのもいい機会です。

筋力が衰える一方、60歳まで待っていたら、趣味とはいえスポーツをあらためて始めるのは厳しいものがあります。かつてのチームメイトも「いいね！」とは乗ってくれなくなりそうです。50代ならまだ共感してくれる人は多いはずです。

食べ歩きのような趣味だって、もちろんすばらしい。

私自身、実は63歳にして、ラーメンの食べ歩きを趣味にしています。

50代の頃から、週に4～5軒はラーメン店に行っています。

このとき、自分の中で約束事にしているのは「週に3回は知らないラーメン店に行ってみる」ことです。想像よりも美味しい店に出合えたなら大成功。得もいわれぬ幸福感があります。ハズレの店に当たっても、「実験に失敗した」「マズイ店を知った」と思って、もう二度と入らなければいい。また新しい店を探求するだけです。

新しい刺激を受けると、脳の前頭葉が刺激されて、活性化させられるとすでに述べました。こうしてラーメン店を新たに発見したり、新しい一杯との出会いに一喜一憂したりすることは、それだけで大いに前頭葉の活性化につながります。新しい店を訪れるために、初めての土地の知らない道を歩くことでも、とても刺激を受けます。

週に4〜5軒のラーメン店に行くということは、年間250軒ほどのラーメン店に行く計算です。うち半分以上は新しい店舗。私オリジナルの美味しいラーメン店データベースは膨大な資料性を帯びるようになっています。

これもまた財産になります。

それだけラーメンに凝っていると、まず「美味しいラーメン店ってどこ？」「文京区あたりだと、どこのラーメン店がおすすめですか？」などと、ラーメンについて聞いてくる方がとても多い。それをきっかけに話がはずんだり、また同じようなラーメン好きの方と「あそこの店は行ったことありますか？」「あそこにある店は和田さん好みでは？」などと情報をくれたりする方も増えてきます。

こうした交流、ラーメン仲間との会話は何にも代えがたい喜びになります。

２０２０年、医学誌の『ランセット』が発表した「12の認知症発症リスク」によると、上位３番目に「老年期の社会的な交流の不足」があげられていました。

「老年期の社会的な交流の不足」を解消できれば、発症リスクを40％予防できるか、遅らせることが「期待できる」ということです。

会社人間だった人は、定年後にコミュニケーションの機会が突然減ります。

それまでずっと同級生と疎遠になっていた人が、定年後に交流を取り戻すのは簡単ではありません。

しかし、何か共通する趣味を持っていれば、自然と仲間の輪が広がります。

同好の士と語り合う喜びは、仕事のつながりとは違う高揚感があります。

「あれがしたい」「あれに興味がある」「一度挑戦してみたい」

あなたも50代のうちに、あれこれ実験してみてください。

合わなかったら、違うなと感じたら、また次を当たればいいのです。

資格試験に挑戦する絶好のタイミング

50代になってからこそ、何かしらの資格試験に挑戦するチャンスかもしれません。

定年まで会社はお金を得る手段と割り切れば、勉強の時間も増えます。人生でやりたいことや新たな夢を叶えたいならば、資格取得のために費やすのは好手です。国家資格の取得者は、年齢を問わず仕事を手にするチャンスが増えるし、また社会経験があるほうが、資格の勉強が理解しやすく、場合によっては受かりやすいからです。

私の学生時代の友人はまさにこれでした。

彼は新卒で生命保険会社に入社したのですが、卒業後、ほとんど会うことはありませんでした。以前に一度だけ、その生保会社から講演会を頼まれたことがあったのですが、「そういえば、彼は何をしているかな……」と思い出していたとき、タイミングよく彼からメールが入って、こう書いてあったのです。

「司法試験に受かりました」

60歳の定年まで会社を勤め上げた彼は、その後、ロースクールに入学。あらためて勉強し直して、修了してすぐに司法試験に合格したのです。60歳を過ぎた今も、保険会社で培った経験を活かして、企業法務に強い人材として、引く手あまたのキャリア人生を歩み始めるに違いありません。

司法試験までハードルを上げずとも、世の中にはたくさんの資格試験があります。

たとえば臨床心理士。

臨床心理学の知識や技術にもとづいて、人の心の問題と向き合う専門家です。臨床心理士試験を受験する条件は指定大学院などを修了する必要があって、2年間ほど学び直す必要があり、年間約100万円の授業料が必要になります。しかも、資格をとって働いても、平均年収は300万～400万円程度と、決して高くはありません。

しかし、社会人経験を積んだ50代以降には、おすすめの資格だと思います。

それなりの規模の企業で働いた経験があれば、多くのビジネスパーソンの悩みを目の当たりにしてきたはずです。自分のみならず周囲の部下や後輩が、どんな困難にぶつかって、どのように心を痛めてきたかも見てきたはず。

実務と現実を知った人間が、カウンセラーとして企業に入ったら、頭でっかちの社会を知らない同じカウンセラーや産業医よりも、よほど社員に寄り添った対応ができるに違いないからです。

実際、私が国際医療福祉大学大学院で臨床心理領域の教授をしていた頃、毎年2人くらいは定年退職後の方がいました。若い学生よりも熱心に学び、卒業して臨床心理士として活躍されている方も多くいます。

クルマの運転が好きならば、二種免許を取得してバスやタクシーのドライバーになるのもいいでしょう。解禁間近である一般ドライバーが自家用車を使って他人を送迎する「ライドシェア」のドライバーになる道もあります。これなら二種免許もいりません。サービス開始と同時にドライバーになっていれば、先行者利益が得られます。街のどのあたりに需要があるか、ノウハウを早くから積めるので、早くから稼ぎやすくなるでしょう。もちろんスマホアプリで自分の働きたいときだけ好きなクルマの運転で稼げるので、自由度も極めて高い。

資格の取得の仕方、勉強法、活かし方などを説いたウェブサイトや本はあまたあるので、今からそれらを覗いて、「自分なら何がしたいか」「何に興味があるか」を見ておくと、意外なチャンスとお金、それにやりがいを見つけられそうです。

定年後起業するなら、会社にいながら動き出す

「定年したら、独立して何か始めたい」

「自分だけの力で起業して挑戦したい」

そのような意欲を持つ方も少なくないでしょう。

定年後の起業はリスクが高く見えますが、実際はメリットも多いものです。

一つは「会社員としての豊富な経験が活かせる」こと。

若いときの起業は、柔軟なアイデアや持て余すほどの体力と意欲で邁進《まいしん》できますが、社

会人経験が浅いと、ニーズの見積もりやチームビルディングなどが甘くなりがちです。

しかし、50代まで会社員として過ごしてきたあなたなら、市場の厳しさや顧客目線の大切さ、チームのモチベーションがどう上がり、どう下がるかなどを知識、経験、肌感覚として持ち合わせているはずです。これは大いに武器になります。

「人脈が多いこと」も見逃せません。

30年近くビジネスの世界に身を置いていたなら、社内外に苦楽をともにした戦友がいるでしょう。「交渉事ならばAさんに敵う人はいない」「企画書をまとめるならばBさんがすばらしい」「あの業界に強いパイプを持つのはCさんだろう」といった具合に、力になってくれそうな人とパイプを持っていることは、何にも代えがたい力になります。

もう一つ、「実はリスクをとりやすい」ことも大きなメリットです。

これまで仕事を続けてきたのなら、ある程度の貯蓄などがある方も多いでしょうし、65歳になれば年金も入ってきます。ある程度、生活の基盤が整ったうえでの起業ならば、多少のリスクをとってでもチャレンジできるからです。何より当面、儲からなくてもいいのが強みです。

　また、自分一人なら、必ずしも大儲けする必要がないので、起業するハードルも下げられます。

　ただし、こうしたメリットを享受したいならば、必要条件があります。

　それが「50代で、今の会社にいるうちに起業の準備をしておくこと」です。

　起業を見据えたうえで、今の仕事をしてみると、見えてくる景色が変わります。

　人は見たいものしか見ていないものです。

　意識しているものしか、情報を認識できないものです。

　クルマ好きな人は話題の新車が街を走っていると、すぐに気づきますが、それ以外の人はそんな新車の存在すら知りません。しかし、新車に気づくクルマ好きも、洋服の流行などに無頓着ならば、今、街でどんなファッションが流行っているか、何色がトレンドなのかまで気づけないものです。

　同様に、同じ仕事も起業を視野に入れただけで、見え方が変わってきます。

「こんな事業はどうか」「意外とあの領域に満たされていないニーズがあるかも」と仕事

を通しての経験や知見が、5年後10年後の独立の糧《かて》になるのです。

先にあげた人脈に関しても、起業を自分ごととして頭の片隅に置いていたら、また見え方が違うはずです。

さらには同僚や取引先で、「起業後もおつき合いしたい」という相手がいたら、今からフレンドリーにつき合ったほうが得だし、自然とそうなるでしょう。


もし異業種に挑戦するつもりなら、50代の体力と好奇心がまだ強いうちに、起業のヒントになりそうな場に飛び込んでリサーチするのはいかがでしょう。

農業の領域で挑戦したいなら、就農体験をするイベントやボランティア活動などに参加してみます。「この農作物ならばネット販売でうまくいきそうだ」といったシーズを見つけられるかもしれません。

そば屋を開きたいというならば、週末ごとに全国の美味しいそば屋さんを回って、自分の店の味のヒントを探ることもできます。

いざ、定年してからそんなことを始めたら、体力的にとてもそんな余裕はなくなるかもしれません。

趣味の世界にどっぷり浸かりながらマーケティング・リサーチをするのもいいでしょう。

この先、社会の高齢化がさらに進むのは確実で、あなた自身のニーズはそのまま日本全体でそれなりのニーズを持つことに直結します。その大きなパイの中で特定趣味を持つ人とつながれたら、それは大きな潜在市場とつながったのと同義。

アニメファンならば「シニア層のアニメ好きに特化したメルカリのような二次流通プラットフォームはできないか」と考えたり、音楽好きなら「80年代の音楽好きに特化したシニアの音楽マニアをつなげるマッチングアプリはどうか」とアイデアを巡らせたりできそうです。

若者が野心を持って起業するのとは違い、必ず事業を拡大させる必要はなく、しょぼい起業で十分なのも、50代以上の起業の強み。

10年もあれば、あれこれビジネスを試して、一つくらいはうまくいく可能性はあるでしょう。副業ＯＫの会社なら、それこそ実験するつもりで小さく起業してみるのです。

好きなことであれこれと考え抜くのは、それだけでも楽しいし、ワクワクします。

友人も家族も今、つき合い方を見直す

50代になっても、定年を迎えても、あるいは70代に入っても大切にしてほしいのが「人づき合い」です。

相手のことを慮《おもんぱか》って、コミュニケーションをとる。

相手が好みそうな話題を振って、笑い合う。

気の置けない友人ではないと話せないような相談ごとをして、気持ちを軽くする。

こうした行為は一人では決してできない喜びがあり、また前頭葉を活性化させることにもつながります。加齢とともに減ってくる男性ホルモンも増加させるので、つきにくい筋力の増強をうながしたり、意欲も湧いてきたりします。

人づき合いもまた、感情の老化を防ぎ、若々しくいられるためのスイッチになるのです。

ただし、気の合わない人間と無理をしてつき合い続けるのは逆効果。友人は利害関係なしにつき合える、一緒にいてラクな相手とだけつき合うようにしましょう。

仕事上、仕方なくつき合っていた、気の合わない同僚や取引先とは、仕事以外のつき合いはきっぱり切ってしまいます。嫌な相手と意味のない雑談をし、貴重な時間を費やすほど残りの人生に余裕はありません。真っ先に切っていいでしょう。

家族であっても同様です。

とくに配偶者とのつき合い方は、50代を機に考え直してみましょう。

もう子供がある程度大きくなっていたり、もともと子供がいなかったりするのならば、「この相手と今後10年、20年と楽しく過ごしていけるだろうか」「彼・彼女は、自分といることで幸せになれるだろうか」と、あらためて自問してみるのです。

一緒にいて楽しいし、お互いに幸せ。そう感じたなら、これまでと変わらずお互いを支え合って、楽しく生きていけばいい。趣味や旅行など、一緒に楽しめたら最高です。

ただし、「違うな。楽しく過ごせる自信ないな」「幸せと感じられないな」と思ったなら、この先は別々の生活を歩むという選択肢もありです。

離婚というより、どちらかといえば「卒婚」の言葉がしっくりくるかもしれません。

決して不仲をこじらせて離婚するのではなく、長年連れ添った同士として互いを尊重しながらも、「これからは別の道を歩んだほうが互いのためにいいのではないか」と納得したうえで別れるのです。

かつてのように夫が専業主婦である妻を支えるようなスタイルは一般的ではなくなっています。女性の働く場は多いし、実際に働き続けている女性も多い。夫婦が、義務感や惰性だけでつき合うのは、ストレスだけを溜めることになるでしょう。

卒婚までいかずとも、物理的な距離をとったうえで結婚生活を続ける選択肢もあります。家とはまた別の小さな部屋を借りて、自分は基本的にそちらで過ごす。週末や子供が帰ってくるときなどは、母屋に帰ってみんなで過ごす。あるいは、一つ屋根の下に住んでも、生活のパターンを夫婦で少しずらして、シェアハウスのように過ごすのもありでしょう。

えてして人間はつかず離れずくらいの関係のほうが、互いを尊重し合えます。家を出て一人暮らしをした子供が、親に対して優しくなり、また親も子に対して優しくなれるように、離れて暮らすほうが、相手のありがたみを感じやすいからです。

「家族は一緒に過ごすもの」「夫婦は生涯、仲良く支え合うもの」。そんな「常識」も捨てていいと思います。

しつこいようですが、時間には限りがあります。

夫婦でも親子でも、友人でも知人でも、もう気の合わない人と過ごす時間はもったいない。自分らしくいられる相手と、大切な時間を過ごしたいものです。

50代は人生の実験場である

あらためて伺います。

あなたは今、何歳でしょうか？

50歳手前にしろ、50代にしろ、60代にしろ、「残された時間」に目が行く頃だと思います。

本当にしたいことをし続けてきた半生でしたでしょうか？

あれもしたかった、これはしなければよかった、もっとこうしたかった、あれができればよかった。むしろ反省ばかりの半生だった方が多いのではないでしょうか。

でも、まだやり直せます。

今なら、始められます。

繰り返しになりますが、人の老化は脳から始まります。50歳あたりから意欲や感情を司る脳の部位、前頭葉が萎縮し始め、やる気や元気がなくなってくるからです。

しかし、前頭葉は、新しい挑戦や知らない体験をする、といった行動で、いくつになっても活性化できます。萎縮を食い止め、むしろやる気や元気を湧き立たせられるのです。

本当かな？

やっぱり疑わしい、と思う方こそ、本書に書かれたこと、トレーニングを実践してみてください。

仮説を検証するように、実験をしてみてください。

前頭葉の活性化を、意欲が盛り上がるのを実感できたら儲けもの。

できなかったら、また別のことにチャレンジしてみたらいい。

人生は実験の連続です。

実験は失敗がつきものですが、失敗の先に必ず成功があります。

実験をしない限り、失敗もありませんが、成功もないのです。

巷にはたくさんのアンチエイジング法が流布しています。

人生100年時代を生き抜くためのリスキリングのすすめも多い。

ならば、私は50代でこそ、やりたいことを躊躇なくやって、前頭葉バカを捨てる実験をすすめます。

前頭葉の萎縮を食い止めること。それは日々の実験で簡単にできるし、それが最高のアンチエイジングにつながり、あなた自身を丸ごとリスキリングすることにもなります。

そして何より、あなたのこの先の人生を、より豊かに、より充実したものにしてくれます。

もう会社のためでも、他の誰かのためでもない。

残された大事なあなただけの時間を、歩み始めてください。

青春新書
INTELLIGENCE

こころ涌き立つ「知」の冒険

いまを生きる

"青春新書"は昭和三一年に——若い日に常にあなたの心の友として、その糧となり実になる多様な知恵が、生きる指標として勇気と力になり、すぐに役立つ——をモットーに創刊された。

そして昭和三八年、新しい時代の気運の中で、新書"プレイブックス"にその役目のバトンを渡した。「人生を自由自在に活動《プレイ》する」のキャッチコピーのもと——すべてのうっ積を吹きとばし、自由闊達な活動力を培養し、勇気と自信を生み出す最も楽しいシリーズ——となった。

いまや、私たちはバブル経済崩壊後の混沌とした価値観のただ中にいる。その価値観は常に未曾有の変貌を見せ、社会は少子高齢化し、地球規模の環境問題等は解決の兆しを見せない。私たちはあらゆる不安と懐疑に対峙している。

本シリーズ"青春新書インテリジェンス"はまさに、この時代の欲求によってプレイブックスから分化・刊行された。それは即ち、「心の中に自らの青春の輝きを失わない旺盛な知力、活力への欲求」に他ならない。応えるべきキャッチコピーは「こころ涌き立つ"知"の冒険」である。

予測のつかない時代にあって、一人ひとりの足元を照らし出すシリーズでありたいと願う。青春出版社は本年創業五〇周年を迎えた。これはひとえに長年に亘る多くの読者の熱いご支持の賜物である。社員一同深く感謝し、より一層世の中に希望と勇気の明るい光を放つ書籍を出版すべく、鋭意志すものである。

平成一七年

刊行者　小澤源太郎

著者紹介
和田秀樹〈わだ　ひでき〉
1960年大阪府生まれ。精神科医。東京大学医学部卒業後、東京大学医学部附属病院精神神経科助手、米国カール・メニンガー精神医学校国際フェローを経て、現在、和田秀樹こころと体のクリニック院長、川崎幸病院精神科顧問、一橋大学経済学部非常勤講師、立命館大学生命科学部特任教授。
主な著書に、『自分が「自分」でいられる コフート心理学入門』『ストレスの９割は「脳の錯覚」』(いずれも小社刊)、『70歳が老化の分かれ道』(詩想社)、『80歳の壁』(幻冬舎)、『どうせ死ぬんだから』(SBクリエイティブ)など多数。

老後《ろうご》に楽《たの》しみをとっておくバカ　青春新書 INTELLIGENCE

2024年3月15日　第１刷
2024年7月10日　第６刷

著　者　和《わ》 田《だ》 秀《ひで》 樹《き》

発行者　小 澤 源 太 郎

責任編集　株式会社プライム涌光
電話　編集部　03(3203)2850

発行所　東京都新宿区若松町12番１号 〒162-0056　株式会社青春出版社
電話　営業部　03(3207)1916　振替番号　00190-7-98602

印刷・中央精版印刷　製本・ナショナル製本

ISBN978-4-413-04691-6

和田秀樹
青春新書インテリジェンス・話題の書

青春新書 INTELLIGENCE

ストレスの9割は「脳の錯覚」

思考グセに気づけば、もっとラクに生きられる

"思い込みのワナ"から自由になり、
ストレスから解放される方法。

ISBN978-4-413-04621-3　1040円

老年精神科医が教える

「脳が老化」する前に知っておきたいこと

老後の不安が軽くなる、
ボケ予防よりはるかに大切な「心の老い支度」とは?

ISBN978-4-413-04571-1　900円

自分が「自分」でいられる

コフート心理学入門

アメリカの心理療法の現場で
最も取り入れられているコフート心理学を
わかりやすく解説。

ISBN978-4-413-04452-3　900円

お願い　ページわりの関係からここでは一部の既刊本しか掲載してありません。折り込みの出版案内もご参考にご覧ください。

※上記は本体価格です。（消費税が別途加算されます）
※書名コード（ISBN）は、書店へのご注文にご利用ください。書店にない場合、電話または Fax（書名・冊数・氏名・住所・電話番号を明記）でもご注文いただけます（代金引換宅急便）。商品到着時に定価＋手数料をお支払いください。
〔直販係　電話03-3207-1916　Fax03-3205-6339〕
※青春出版社のホームページでも、オンラインで書籍をお買い求めいただけます。ぜひご利用ください。〔http://www.seishun.co.jp/〕